手 *Hands*
から始まる物語
[第10回]

佐倉市、35歳、競輪選手

ハンドルを握る藤田選手の手。競輪の自転車にはブレーキがない。

今号では、高校の後輩である競輪選手の物語を紹介したい。勝負の世界に身を置き続けながら生活するとはどういうことか。アスリートを仕事とした彼に、プロとしての生き様のようなものを教えてもらった気がした。美しく鍛え上げられた肉体には、鋼の精神が宿っているのだった。

photo & text
関 健作
KENSAKU SEKI

［上］ゴールラインの瞬間。中央、紫色の選手が藤田選手。
［下］検車場の様子。選手たちは、レースの準備や整備、他の選手のレースをモニターで確認している。

●せき・けんさく　1983年、千葉県に生まれる。2006年、順天堂大学・スポーツ健康科学部を卒業。2007年から3年間体育教師としてブータンの小中学校で教鞭をとる。2010年、帰国して小学校の教員になるがすぐに退職。現在フリーランスフォトグラファー。
［受賞］2017年　第13回「名取洋之助写真賞」受賞／2017年　APAアワード2017　写真作品部門　文部科学大臣賞受賞
［著書］『ブータンの笑顔　新米教師が、ブータンの子どもたちと過ごした3年間』（径書房）2013
［写真集］『OF HOPE AND FEAR』（Reminders Photography Stronghold）2018／『名取洋之助写真賞　受賞作品　写真集』（日本写真家協会）2017／『祭りのとき、祈りのとき』（私家版）2016

　車輪が高速で回転する音。観客の声援とヤジが入り混じる川崎競輪場のバンク（競争路）。一周400mのバンクを5周、筋骨隆々のカラフルな男たちが全身を使って自転車のペダルを漕ぎ、速さを競い合う。ラスト2周になって紫色のユニフォームを着た選手が仕掛けた。ハンドルを握る手と腕の動きがさらに勢いを増し、臀部からふくらはぎまでの筋肉が躍動する。すべての力をペダルに伝え、彼は誰よりも早くゴールを目指した。

　勝負の世界に身を投じ、今年で15年になる競輪選手、藤田大輔35歳。彼が自転車に興味をもったきっかけは、中学生のときに見たアトランタオリンピックだった。自転車競技の十文字貴信選手が銅メダルを獲得。その雄姿が当時の藤田少年の心を突き動かした。自転車に興味はもっていたものの、高校は陸上競技部へ進み、短距離選手として活躍。練習中の怪我で通い始めた鍼灸院で、その後の人生を決める大きな出会いをすることになった。同じく通院していた競輪選手たちからプロの世界のリアルな話を聞くことができたのだ。自転車への憧れが日に日に強くなり、

レース後、クールダウンをする藤田選手。

藤田は進学せず競輪選手養成所への進路を決めた。

3度目の受験でようやく合格。競輪浪人時代は日々自転車に乗り練習をした。何度試験に失敗しても、その度に自分はこの世界で生きていくという思いを強くしていったという。競輪選手養成所を経て、21歳で競輪界にデビューした。

競輪選手たちはおよそ月に2〜3試合をこなし、全国を回っていく。レースで勝てば賞金は高くなり、高い得点も獲得することができる。競輪界はこの得点が高ければ高いほど上のランクに進むことができる。藤田曰く、競輪選手は全国におよそ2000人いる。ピラミッドの一番上のカテゴリがSS級、その下がS1、S2、A1、A2と続く。そして一番下のカテゴリがA3だ。デビューした藤田も当然このA3からスタートした。デビューしてすぐに藤田は勝利を量産、1年で一気にS2までカテゴリを上げ、競輪界を沸かせた。その後、S1にも昇格し、トップ選手たちがしのぎを削るG1グランプリでも活躍した。現在はS2で日々試合をこなす。競輪選手たちは勝ち続けることが求められる。毎年若手選手たちが参入。一番下のカテゴリであるA3の下位30人は毎年クビになり、競輪界を後にする。

話を聞けば聞くほどシビアな勝負の世界だ。ぼくが取材をしたレースでは、藤田は圧倒的な力を見せるも、最後に交わされて2位でゴール。「おまえなんかやめてしまえ！」負けたものには容赦なく客席からヤジが飛んだ。それについても藤田は冷静だった。「ヤジにはもう慣れました。むしろヤジが飛ぶってことは、自分にかけて期待してくれたということ」。高校時代、同じ陸上競技部で汗を流した後輩は、勝負の世界で生き抜き、逞しく強靭なメンタルを手に入れていた。

「今、35歳なんですけど、50歳まで競輪選手を続けたい。そしてずっとS級にいたい」と話してくれた。昔は頂上を目指していたが、15年続ける中で、その頂上は遠すぎることを実感したという。上には上がいるという勝負師たちの世界で、藤田は自分にしかできないことを模索している。彼にとって競輪はスポーツというよりは仕事。大好きな自転車で飯が食える、という幸せをかみしめながら今日も藤田はペダルを漕ぐ。

オリンピックの象徴となる新国立はレガシーになりえるのか

祭りのあと

　「天皇杯が聖地に帰ってくる」と宣伝されたサッカー天皇杯決勝は、新国立競技場の柿落しとして大きな注目を集めた。報道受付を済ませて、真新しいマラソンゲートを進む。高揚感からか、少しドキドキしながらトラックに足を踏み入れた。しかし、その瞬間に感じたのは違和感だった。

　違和感の正体はマラソンゲートだった。通常、ゲートが作られるはずの四隅の一角にはカメラマン用の撮影スタンドと、テレビのフラッシュインタビュー用のスペースが設けられていた。サッカーで言えばアウェイのゴール裏のど真ん中にゲート

がポッカリと口を開けていたのだ。

　新国立競技場はオリンピックのために作られたスタジアムだ。テレビなどメディアの向こう側にいる何十億という視聴者に「伝える」ことが大きな役割の一つではあるけれど、現地で観戦する者を置き去りにしたスタジアムが後世に伝えるレガシーってなんだろう？　と思わざるをえなかった。

　この夏、東京にオリンピックがやってくる。そして、祭りのあともここを舞台に様々なドラマが生まれるはずだ。かつての国立のように長くみんなに愛されるスタジアムになってほしいと願う。

［写真・文］髙須　力　たかす・つとむ
東京都出身。2002年より独学でスポーツ写真を始め、フリーランスとなる。サッカーを中心に様々な競技を撮影。ライフワークとしてセパタクローを追いかけている。日本スポーツプレス協会、国際スポーツプレス協会会員。http://takasutsutomu.com/

［第10回］
season2
スポーツの力

学校教育・
実践ライブラリ

Vol. 10

新課程の学校経営計画は
こうつくる

幼児の記憶に留まる島

　もうすぐ5歳の娘は、親の都合でかれこれ50島近くの島旅に同行してきました。両親ともに島三昧で、会話の端々に「島」が出てくるので、お空に浮かぶ雲を見ては「あのくも、しまみたい」と形容する子供に成長しています。

　私が島の面白さに惹かれたのは27歳のころで、それ以前は、日本にいくつ島があるかも知りませんでした。それから島漬けとなって早10年。大人の視点で日本の島々を探求してきたところ、ふと、生後3か月から島旅に出掛けている娘の眼には、島がどんな風に映っているのか気になりました。

　腹中にいたころは東京にいた娘ですが、生まれてしばらくは那覇で過ごし、現在は私の地元である大分県の内陸盆地で暮らしています。東京にも年2〜3回出掛けているので「東京ってどんな場所？」と聞くと「とうきょうはまちでしょ？　（ビルとか）おおきいし」と都会を理解している模様。「島はどんな場所？」と尋ねると「ミッキーのお顔くらいちっちゃいところ」とナゾのたとえ付きで答えてくれました。

　そんな娘に「島で一番きれいだった場所は？」と尋ねると間髪いれずに「うみ！」と回答。確かに。島といっても400島あれば400通りの個性があるので、

いさもと・あつこ　1982年生まれ。大分県日田市出身。NPO法人離島経済新聞社の有人離島専門メディア『離島経済新聞』、季刊紙『季刊リトケイ』統括編集長。地方誌編集者、経済誌の広告ディレクター、イラストレーター等を経て2010年に離島経済新聞社を設立。地域づくりや編集デザインの領域で事業プロデュース、人材育成、広報ディレクション、講演、執筆等に携わる。2012年ロハスデザイン大賞ヒット部門受賞。美ら島沖縄大使。2児の母。

NPO法人離島経済新聞社
統括編集長
鯨本あつこ

グルメや見処は島によって異なりますが、美しい海はどの島にもあるので、なかなか核心をついています。

では「美味しかったのは？」と聞くと、少し考えて困った顔になり「おぼえてない」と一言。いやいや、美味しいものを食べていないはずはなく、つい半月前にも長崎県の壱岐島で新鮮な魚介や壱岐牛を堪能して「美味しいー！」と叫んでいたでしょう！　と思う母ですが、食への関心が低いのか、彼女の記憶には留まらないのだと知りました。

それではと、「楽しかった島」を尋ねると目を輝かせて「久米島と与論島！」と答える彼女。固有の島名が出てきたことに驚きながらその心を尋ねると「おねえちゃんと遊べるから」とのこと。久米島と与論島に出掛けたときは、いずれも地元の子供たちとたっぷり遊ぶ機会に恵まれたので、彼女にとって一番の記憶は、島の子供たちと遊んだ時間だったわけです。

島に住む人や、熱心な島ファンの多くは、島の魅力を「人」と言います。雄大な自然がある島では、目を見張るような絶景に出会うこともできますし、珍しいグルメや、興味深い文化にふれることもできます。だけど、やはり人の記憶に残りやすいのは、ものごとの単体だけではなく、人の笑顔や会話が紐づくものごとなのでしょう。

現代社会はスマホさえあればどこにいても情報にふれられるので、目の前にリアルな人間がいても、通信機器の先にいる誰かや何かに気をとられてしまうことが多くあります。その点、都会ほど多くの情報やサービスがなく、場所によっては電波も微弱な島は、「人」に集中するのにもってこいの場所です。

余計なものごとに気を取られずに、目の前にいる人や、自然に集中して向き合える環境で「人との時間」を過ごすことは、幼児の記憶にもしっかり留まるほど豊かな経験になるはず。娘のような島旅は難しくとも、修学旅行を受け入れている島や、離島留学、体験交流メニューなど、人とふれあえるメニューを用意している島も多数ありますので、ぜひたくさんの子供たちにも島を体験してもらえたらと願います。

写真左●与論島の海で地元の子供たちと楽しむ娘
写真右●娘の記憶には留まらなかった壱岐島のごちそう

●有人離島専門フリーペーパー『ritokei』●
有人離島専門メディア『ritokei（リトケイ）』では、「つくろう、島の未来」をコンセプトに400島余りある日本の有人離島に特化した話題のなかから、「島を知る」「島の未来づくりのヒントになる」情報をセレクトして配信しています。
ウェブ版 www.ritokei.com

2022年度から小学校高学年に教科担任制の本格導入へ

教育ジャーナリスト
渡辺敦司

中央教育審議会の初等中等教育分科会は12月26日、「新しい時代の初等中等教育の在り方 論点取りまとめ」を公表した。4月の諮問が検討を求めていた「義務教育9年間を見通した教科担任制」については、2022年度を目途に小学校高学年から本格的に導入すべきだとしている。

●実現目指す学校教育の姿にイメージ

初中分科会は同13日の会合で論点取りまとめ案を大筋で合意。分科会長の荒瀬克己大谷大学教授に修文を一任していた。

正式にまとまった論点取りまとめは、「新しい時代を見据えた学校教育の姿（2020年代を通じて実現を目指すイメージ）」を▽子供の学び＝多様な子供たちを誰一人取り残すことのない、個別最適化された学びが実現▽子供の学びを支える環境＝全国津々浦々の学校において質の高い教育活動を実現可能とする環境が整備──の二つの柱で整理して示し、これまでの学校の常識にとらわれず検討を行っていくことを提言した。

その上で、各部会・ワーキンググループ（WG）等からの報告も踏まえ、①これからの学びを支えるICT（情報通信技術）や先端技術の効果的な活用②義務教育9年間を見通した教科担任制の在り方③教育課程の在り方④教師の在り方⑤新しい時代の高校教育の在り方⑥幼児教育の質の向上⑦外国人児童生徒等への教育の在り方⑧新しい時代の特別支援教育の在り方──について、現段階でまとまった論点を示している。

なお、これ以外の▽特定分野に特異な才能を持つ者に対する指導および支援の在り方▽義務教育をすべての児童生徒等に実質的に保障するための方策▽いじめの重大事態、虐待事案等に適切に対応するための方策▽児童生徒の減少による小規模校化を踏まえた自治体間の連携や小学校と中学校等の連携等も含めた学校運営の在り方▽チーム学校の実現等に向けた教職員や専門的人材の配置、首長部局との連携および学校や教育委員会におけるマネジメントの在り方──については、年明け以降に議論を行っていくとしている。

●デジタル教科書は24年度以降に

このうち「これからの学びを支えるICTや先端技術の効果的な活用について」では、個別最適化された学びの実現には教師を支援するツールとしてのICT環境や先端技術が不可欠だと強調。それにより遠隔教育や、学びの知見の共有・生成、働き方改革の推進が可能になるとしている。

一方で「現状の情報化の致命的な遅延や地域間格差」に憂慮を示し、「令和の学校のスタンダードの実現」に向け、ハード面とソフト面を一体で国の取組を早急に進めるべきだとしている。

このうちハード面については、19年度補正予算から児童生徒1人1台端末や校内LAN整備など「国家プロジェクトとしての学校ICT環境整備の抜本的充実」（公私立学校は補助率2分の1、国立学校は定額補助）が始まる。それに応じてソフト面では、デジタル教科書や人工知能（AI）技術を活用したドリル等の整備や活用促進を進めるよう提言。これにより知識・技能定着の授業時間が短縮でき、探究的な学習などに時間をかけることが可能になるとしている。

特に、デジタル教科書は新学習指導要領の下で2巡目の教科書改訂サイクルを迎える小学校24年度、中学校25年度を見据え、20年度内を目途に方向性を示すとした。

●中学年まで基礎・基本を確実に

「義務教育9年間を見通した教科担任制の在り方」では、児童の発達段階や外国語教育などを踏まえ、22年度を目途に「小学校高学年からの教科担任制を本格的に導入すべきである」と明記した。

そのためには教員定数をはじめ養成・免許・採用・研修、教育課程などの9年間を見通した一体的な検討が必要だと強調。具体的には、▽義務標準法の在り方も含めた教科担任制に必要な教員定数の在り方▽小学校での教師間の分担の工夫、中学校での担当授業時数や部活動指導等を踏まえた教師の在り方や小中の行き来▽小規模校でも高学年段階の教科担任制が実現可能となるような仕組みの構築──などを検討するとしている。

その上で、小学校中学年までに基礎的・基本的な知識・技能を確実に習得させるための方策を含め、教育課程の在り方の検討を行うべきだとした。これに関しては今後、教育課程部会と、各部会・WG等の司令塔役である「新しい時代の初等中等教育の在り方特別部会」が連携して検討を行うという。

●読解力向上は新指導要領で

「教育課程の在り方について」では、全国学力・学習状況調査（全国学調）で全国的な学力の底上げが図られてきていること、PISA（経済協力開発機構＝OECD＝の「生徒の学習到達度調査」）の18年度調査結果では数学や科学のリテラシーが引き続き世界トップレベルである一方、読解力ではデジタル時代における情報への対応などの課題もみられたことを指摘。こうした課題にも対応する新学習指導要領を着実に実施していくことが求められるとした。

また、Vol.8本欄で既報したSTEAM（科学、技術、工学、芸術、数学）教育に関しては、STEAMのA（Arts）を「芸術、文化、生活、経済、法律、政治、倫理等を含めた広い範囲」で定義するよう正式に提言。その意味で共通点の多い高校の「総合的な探究の時間」や「理数探究」の着実な実施が重要だとした。

「教師の在り方について」では、▽免許状を持たない社会人が活躍しやすくするような特別免許状の指針の見直しや制度の弾力化▽免許状更新講習や認定講習、教職大学院等を接続する仕組みの構築▽Society5.0に対応した教員養成を先導する「フラッグシップ（旗艦）大学」と教員養成に関わる大学全体のシステム構築──を論点に挙げている。

「新しい時代の高等学校教育の在り方について」では、どのような生徒を受け入れ、どのような資質・能力を身に付けさせて卒業させるか、そのための教育をどのように実施するか等の教育理念・学校経営方針の下、教職員が一丸となってPDCAサイクルを回し、学校が主体的に進化する学校運営を実現する方策を検討するとしている。

新課程の学校経営計画はこうつくる

来たる新年度から順次全面実施となる新学習指導要領。「主体的・対話的で深い学び」を通して資質・能力を育成するなど、新学習指導要領が求める内容にてらし、地域や学校の特色も生かしながら、自校の目標をどこに設定しどう達成するか——。その内容を校長が内外に明示し、教職員等がその1年の教育活動のよりどころとするのが学校経営計画です。学校教育目標との関係から、カリキュラム・マネジメントや学習評価、生徒指導まで、新課程下の学校経営計画策定に際し、盛り込むべきこと・おさえておくべきポイントを考えます。

新教育課程とこれからの学校経営計画

学習指導要領総則は「学校経営の地図」

千葉大学特任教授

天笠 茂

教育課程の実施を支える学校経営計画

学校経営計画は、学校の教育目標の達成をめざし、学校全体を総合的に見通す視点から、教育課程を中心に、組織運営計画、学校事務計画、校内研修計画などをもって組織した学校の総合的な計画である。

それは、学校の経営戦略を具体的に表現したものであるとともに、教職員の諸活動に指針を与え、一定の方向に活動を統括していく機能を有している。

別の言い方をするならば、学校経営計画とは、各教科等の指導計画をはじめとした教育活動に関わる諸計画によって編成される教育課程の実現をはかるために、必要な経営資源を配分し組織した計画ということになる。組織運営計画、学校事務計画、校内研修計画などからなり、教職員の諸活動に指針を与え、一定の方向に活動を統括していく機能を有する学校の組織運営計画である。

それは、教育課程の実施を支え、学校の教育活動をめぐり条件整備をはかる計画ということになる。

教育計画と学校経営計画

もっとも、実態として、このあたりの用語の使われ方については、それぞれの概念が明確にされ相互の関係についても整理された状況にあるかといえば、むしろ、曖昧な使われ方をしていることが少なくない。

例えば、教育課程と教育計画について、これをほぼ同義にとらえて用いている学校がある一方、教育計画のなかに教育課程とともに組織運営計画、校内研修計画などを盛り込んで教育計画という用語を使用している学校も少なくない。

あるいは、学校経営計画についても、そのなかに教育課程を位置付けるとともに、学校の組織運営に関わる諸々の計画をもって組み立てている学校も多くみられる。すなわち、中身的には、ほぼ同様の諸計画をもってまとめられているものを、ある学校では、それを学校の教育計画という用語をもって、また、ある学校では、それを学校経営計画と称している、それぞれの学校次第という、教育計画と経営計画の分離が進んではいないという現実がある。すなわち、経営計画と称しているものの、その内実は教育計画であるものある。

教育計画と学校経営計画が一体となっているものが多い。それぞれの概念が確立され、相互の関係が整理され、結び付けられているかといえば、その段階まで至らないものも少なくない。曖昧な形で混在しているのが多くの学校の姿なのである。

別の言い方をするならば、教育計画と称しつつ、そのなかに学校経営計画を含みこませているものがあり、また、学校経営計画と称しつつ、そのなかに教育計画を位置付けているものもみられる。

その意味で、教育課程を編成・実施・評価・改善をはかるための計画としての学校経営計画があることを、それぞれの関係を明確にしていくことが課題であるといえよう。

学校経営計画を作成する

ところで、学校経営計画について、統一の基準のもとに、定番化されたものがあるわけではない。その意味からして、どのような柱立てと構成を、および内容をもって学校経営計画を組み立てるか。そこに、それぞれの学校のめざす方向や姿勢、およびマネジメントをめぐる具体的な姿や特質を読み取ることができる。

では、学習指導要領の改訂、そして、本格実施を迎える今日の時点において、学校経営計画の作成にあたり、いかなる点に留意すべきか、次に述べることにしたい。

（1）総則を経営資源の投入からとらえる

まずは、学校経営計画を構成する諸領域や個別計画に学習指導要領総則に示された諸事項がどれほど取り入れられているかが改めて吟味されなければならない。

すなわち、総則を材料にした学校経営計画の作成

が、発想面からも手法面からも問われてよいと思われる。

このたび改訂された学習指導要領の総則は、次のように、6つの柱によって構成されている。

第1　小（中）学校教育の基本と教育課程の役割
第2　教育課程の編成
第3　教育課程の実施と学習評価
第4　児童（生徒）の発達の支援
第5　学校運営上の留意事項
第6　道徳教育に関する配慮事項

これら柱に沿って示された事項に対して、ヒト、モノ、カネ、情報、時間などの経営諸資源を向き合わせることが、学校経営計画づくりの第一歩ということになる。

例えば、「第3　教育課程の実施と学習評価」には、1として、「主体的・対話的で深い学びの実現に向けた授業改善」をあげ、この実現をはかるにあたって、単元や題材など内容や時間のまとまりを見通すことなどを求めている。

これには、どのようにヒト（教職員など）をあて、モノ（教材・教具など）を整え、それら準備にあたって、どれほどのカネ（教材費など）の予算を組み、必要な情報を校内研修などを通して流すか。それに、単元や題材などの授業研究にどれほどの時間を準備するか。

続いて、「言語能力の育成を図るため、各学校において必要な言語環境を整えるとともに、（中略）言語活動を充実すること」とある。これには、どのようにヒト、モノ、カネ、情報、時間などの経営資源を投入するのか。この事項には、あわせて、読書活動の充実も求めており、予算面の裏付けとしての学校経営計画の存在が、学校の充実した言語活動を支えることになる。

さらに、「情報活用能力の育成を図るため、各学校において、コンピュータや情報通信ネットワークな

どの情報手段を活用するために必要な環境を整え」るとともに、「各種の統計資料や新聞、視聴覚教材や教育機器などの教材・教具の適切な活用」を求めている。そのために必要な環境の整備を図る学校経営計画の存在なくして、情報活用能力の育成もままならないといえよう。

これら総則の各事項と経営資源とをつき合わせることについては、おりしも、カリキュラム・マネジメントの取組と重なり合う。

カリキュラム・マネジメントについては、教科横断、PDCAサイクルの確立とともに、三つ目の側面として経営資源の活用について、次のように示されている。

「教育内容と、教育活動に必要な人的・物的資源等を、地域等の外部の資源も含めて活用しながら効果的に組み合わせること」（中央教育審議会「幼稚園、小学校、中学校、高等学校及び特別支援学校の学習指導要領等の改善及び必要な方策等について（答申）」平成28年12月21日）

まさに、教育内容や教育活動へのヒト・モノ・カネ・時間・情報など経営資源の投入であり、この経営資源の投入を〈見える化〉したものが学校経営計画ということになる。

その意味で、学校経営計画を作成することは、カリキュラム・マネジメントと重なり合い、それを可視化する取組ということになる。

(2) 学校経営計画に学校評価を取り入れる

一方、学校経営計画の作成にあたって、学校評価との関係に着目して取り入れることである。

学校評価改革が動き出した時代のケースを取り上げてみたい。東広島市立黒瀬中学校の2006（平成18）年度学校経営計画は、『SMAP』（School MAnagement Plan）と題し、大きく2部構成となっている。そのうち、第1部は、次のように三つの柱から構成されている。従来からの構成をとる学校経営計画を第2

部として、新たに学校評価に関する事項を取り入れて、これを第1部とした。

A．黒瀬中学校の学校改革の歩み（1．黒瀬中学校の改革の大きな流れ　2．各年度の主な取り組み）

B．平成17年度活動報告（1．平成17年度の大きな動き　2．本校の改革ビジョンと具体的な取り組みの内容　3．平成17年度活動報告　4．学校評価総括表　5．学校評価参考資料）

C．平成18年度黒瀬中学校経営方針（1．東広島市教育計画　2．平成18年度学校経営目標　3．平成18年度重点取り組み、特別取り組み　4．平成18年度具体的取り組み　5．平成18年度具体的取り組み一覧）

改めて、注目すべきは、学校経営計画に学校評価を導入したことである。当時、学校評価改革が動き始めたころであり、その後の10年の流れは、まさに学校評価改革の時代であった。同ケースは、学校経営計画への学校評価の導入にあたり、先駆けとなった取組ということになる。

この学校経営計画への学校評価の導入の試みは、カリキュラム・マネジメントへの取組とつながり、そのもとでの学校経営計画の作成について配慮すべき点を示している。

すなわち、総則の「第5　学校運営上の留意事項」には、「1　教育課程の改善と学校評価等」として、次のように示している。

「各学校が行う学校評価については、教育課程の編成、実施、改善が教育活動や学校運営の中核となることを踏まえ、カリキュラム・マネジメントと関連付けながら実施するよう留意するものとする」

この点もまた、今日において、学校経営計画の作成にあたって、留意すべき視点が明示されている。すなわち、学校評価を取り入れた学校経営計画ということである。

誰が学校経営計画を作成するのか

では、学校経営計画は誰が作成するのか。実際のところ、それぞれの校務分掌の担当者ということになるかもしれない。それぞれの担当者の作成したものを取りまとめて一冊に編集して形を整えているのが多くの学校の作り方と思われる。では、誰が取りまとめ役かといえば、副校長か教頭か、それとも、教務主任か、それぞれ学校の事情によって分担も異なっているものと思われる。

この一連の学校経営計画の作成にあって、学校事務職員はどのような存在なのか、もし、"存在感に乏しい"ということならば、これを契機にして見直してみるのも一案である。すなわち、学校経営計画の作成にあたって、リーダーシップの発揮を期待する観点から、学校事務職員の存在を改めて問い直してみる必要がある。

周知のとおり、2017（平成29）年、学校教育法の一部改正により、学校事務職員の職務が、「事務に従事する」から「事務をつかさどる」となった。

この「つかさどる」について、その中身として、学校経営計画の作成への積極的な貢献が位置付けられてもおかしくない。まさに、学校経営計画の作成と学校事務職員の関係が改めて検討されてよい。

教育課程は誰が編成するかといえば、校長であることを前提にして、原案を練るなど実質的には教務主任が担うことになるが、今後、教育計画と学校経営計画の関係が整えられて明確にされた際、学校経営計画の担当者として学校事務職員が考えられてよい。その上で、教育計画と経営計画の両者を統括するのが、副校長であり教頭という学校組織の整備を進めることが併せて求められることになる。

[参考文献]
・天笠 茂著『学校経営の戦略と手法』ぎょうせい、2006年

Profile

あまがさ・しげる　昭和25年東京都生まれ。川崎市立子母口小学校教諭、筑波大学大学院教育学研究科博士課程単位取得退学。昭和57年千葉大学講師となり、平成9年より同大教授、平成28年度より同大特任教授。学校経営学、教育経営学、カリキュラム・マネジメント専攻。中央教育審議会初等中等教育分科会委員など文科省の各種委員等を務める。単著『学校経営の戦略と手法』『カリキュラムを基盤とする学校経営』をはじめ編著書多数。

●学校教育目標

学校教育目標と学校経営計画の再設計

滋賀大学教授
大野裕己

これまでの学校教育目標・学校経営計画の振り返り

　従来、各学校では、主体的で創意ある教育活動の展開を意図して、児童生徒の望ましい育ちの姿を軸とした学校教育目標と、その達成のための教育活動・組織開発の重点及び展開方策を示す学校経営計画を策定してきた。

　学校教育目標・学校経営計画は、校長の最終責任において作成・提示され、教員の年間の教育活動の拠り所となる。また、その内容は保護者・地域に対しても説明され、学校への理解・協力を促進する媒介物となる。特に2000年代以降、学校の特色化施策と関わって、各地で創意ある作成・活用例がみられるものの、従来の学校教育目標・学校経営計画には、その内容に対する関係者の共通理解が乏しいといった課題も指摘されてきた。その背景には、学校教育目標・学校経営計画における、①目標や取組の表現の抽象性（さらには内容面での前年踏襲主義の強さ）、②教育目標・計画（教育系列）と経営目標・計画（経営系列）の有機的関連の薄さ、③単年度主義による計画の限界性等の課題が潜在している。この点筆者は、2000年代に参加したある民間学力等調査において（田中他2007）、校長の大半は学力保障に向けたビジョン・考え方を示す一方、学年間の連続性・系統性が考慮されたカリキュラムや教員の指導力向上と関わった研修計画の策定は乏しい、といった上記②と関連した調査結果に接したことがある。

新学習指導要領の趣旨に基づく学校教育目標・学校経営計画の再構想

　2020年度より、新学習指導要領が小学校で全面実施となる。新学習指導要領は、児童生徒に育成を目指す資質・能力を再整理・明示したうえで、児童生徒が「何ができるようになるか」を重視して、必要な指導内容としての「何を学ぶか」、学習・指導の改善充実である「どのように学ぶか」の要素を、児童生徒の実態等に即して選択・組み立てる「教育課程の構造化」の必要性を打ち出している。このことは、各学校に対して教育目標・学校経営計画の策定の考え方・方法のバージョンアップを強く求める。以下、本稿ではこの機に校長等が留意すべきポイントについて整理してみたい。

(1) 学校教育目標の再検討

　公立学校を例にとれば、多くの場合、学校教育目標は全人的なバランスに配慮された内容で、長期にわたって継承されている。しかしそこには、知・徳・体の抽象的なスローガンを網羅した、当該校での切

● KEYWORD
学校教育目標　学校経営計画　データに基づく課題分析　組織過程　カリキュラム・マネジメント

実性が薄い目標に陥りやすい課題性が潜在している。

　新学習指導要領は、総則第一の３で、学校教育全体その他の指導を通してどのような資質・能力の育成を目指すのか、資質・能力の三つの柱をもとに明確化することを求めている。これを踏まえれば、各学校において、既存の学校教育目標の内容・働き（構成員への浸透）について、多面的な資質・能力育成の点から再検討したい。このとき、学力調査・学校評価等の各種データ（小・中学校の全国学力・学習状況調査で言えば、教科調査に留まらず児童生徒質問紙調査の分析も大切にしたい）をもとに、自校の児童生徒の資質・能力の課題とその発生構図を解題し、再検討に付すことが大切である。一校在任期間の短い校長にとって、学校教育目標の再設定は葛藤含みの課題と言えるが、以上の状況分析から抜本的な変更を決断することも必要と言えるし、既存の目標を継承する場合も、資質・能力を踏まえた文言解釈の変更、下位重点の設定を検討したい。そのための校内外の熟議を促進することも視野に置く必要がある。

（2）具体的方策の構造的立案と学校経営計画の構想

　資質・能力を意識した学校教育目標の設定に基づき、学校経営計画の基本方針（あるいは重点）・具体策が構想される。この点、従来の学校経営計画には、教育目標と同様に、学校の既存の取組を総花的に記載するに留まり、具体的方策相互の関係、目標と具体策との関係が見えにくいケースが少なからず見られた。新学習指導要領は、総則第一の４での「カリキュラム・マネジメント」として、教育目標の実現に係る教育内容の教科等横断的な視点での構成や、教育課程の実施に必要な人的・物的体制等の確保・改善等への取組を求めており、学校経営計画の在り方の見直しへの視点を提供している。

　資質・能力の育成を意識した学校経営計画及び具体策の立案のポイントとして、「学校固有の組織過程」を踏まえた方策の構造化に留意したい。児童生

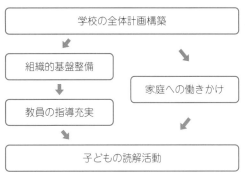

図　学業達成への組織過程の構想例 (出所) 田中他監修（2007）

徒の学業面の達成は、教育目標の提示と各教員の自覚に基づく行動のシンプルな構図で成立するものでなく、インプット‒スループット‒アウトプットの組織過程の構造で捉えられる。例えば前述の民間学力調査では、「子どもの読解活動」活性化と関わり「学校の全体計画構築」－「組織的基盤整備」－「教員の指導充実」（並行して「家庭の働きかけ」）のモデル（図参照）が提示された。今後の校長等の学校経営計画の立案においては、こうした組織過程を意識して、例えば教員個々・集団の授業改善行動を促す校内研修の設定、その設定につながる予算・財務体制整備、保護者地域の協力参加意欲を促す情報発信、といった形で、資質・能力育成に照らした具体策間の関係を構造化し、その論理を計画上に投影する（学校の意図・基本方針として見せる）ことが期待される。

[参考文献]
・田中博之他監修『「読解力」を育てる総合教育力の向上にむけて』ベネッセ教育研究開発センター、2007年

Profile

おおの・やすき　昭和48年生まれ、北九州市出身。九州大学大学院人間環境学研究科修了（博士（教育学））。大阪教育大学准教授、兵庫教育大学大学院教授等を経て、平成29年度より滋賀大学教授。関西教育行政学会理事、日本教育経営学会理事などを歴任。共著に『新たな学校課題とこれからのリーダーシップ』（ぎょうせい、2015年）等。

●教育課程編成

教育課程の基本方針を学校経営計画に示す

一般財団法人教育調査研究所研究部長

寺崎千秋

学校の教育目標実現を学校経営計画の原点とする

　令和2年度から全面実施となる新教育課程が、学習指導要領改訂の方向性を踏まえ、質量ともに完全実施となることが各学校・校長の責務である。その原点としての学校の教育目標の見直しを行い、これを実現するための教育課程が編成されていよう。今回の改訂は2030年ごろを目途にしている。盛んに言われているように、今、学校で学ぶ子供たちは、IoTやAIの時代、ソサエティ5.0が標榜されている社会で生きることになる。生きるだけでなく、社会の新たな課題に挑み、その未来、社会を創り出していくことのできる力を身に付けていることが必要とされる。そうした子供たちの育成に相応しい学校教育目標になっていることが求められ、期待に応じた教育目標を設定することが原点である。

　今回の改訂では、教育課程は学校教育目標の具現のために編成・実施されるものということが改めて強調されている。これまで、教育目標と教育課程が乖離していたという実態を反省してのことである。教育課程は学校教育目標に掲げた子供の姿をどのようにして育成するか、その道筋を明らかにするものであり、両者は一体である。また、学校の教育目標が、未来を拓く子供たちに必要な力として重視して

いる資質・能力の三つの柱と関連させることが求められている。未来を拓く子供たちに必要な力としての三つの柱であるから、出発点としての学校の教育目標に取り入れることは当然のことであろう。

カリキュラム・マネジメントと主体的・対話的で深い学びの一体的な取組

　新教育課程の全面実施が単なる紙面上の書き換えではなく、完全実施すなわち授業の質的な改善、教育の質的な向上を伴って行われることが本来の趣旨である。これまでの移行期間にその取組をどれだけ推進し充実させてきたかが問われるところである。

　カリマネの第一の視点である教科等横断的な教育課程編成では、それを具体的に示す年間指導計画や単元配列表を作成する。主体的な学び、対話的な学び、深い学びの授業改善の視点から得られた知見を教育課程の重点や指導計画に具体的に位置付ける。各教科書に基づく単元をただ並べた教育課程・指導計画とならないようにする。

　カリマネの第二の視点であるPDCAサイクルの確立の視点から、主体的・対話的で深い学びの実現に向けた授業改善の方向性・取組み方を示す。子供たちが学ぶことに興味・関心をもち続け、自らのよさや特性を生かし、他者と協働して学びを広げたり深

● KEYWORD
学校の教育目標　資質・能力の三つの柱　カリキュラム・マネジメント　主体的・対話的で深い学び　授業改善　全面実施　学校間の連携　発達の支援　生徒指導　キャリア教育　障害のある児童生徒

めたりし、学びを振り返りながら探究していく学びをつくり出すための方針や取組み方を示す。教師中心の教え型指導一本やりから抜け出すことを強調する。改善の成果を指導計画の書き換え、さらには教育課程の改善に生かしていく。教育課程・指導計画の改善に保護者や地域の人々の意見を取り入れていく。マネジメントの中核は授業改善であり授業の質を高めることである。全ての人々の意図をそこに収斂することを掲げて示すようにする。

　カリマネの第三の視点では、教育課程に地域等の教育資源を教育内容との関連でどのように生かしていくか、指導計画においてどのように位置付け実践していくかについて、保護者や地域の人々、関係機関等と連携し、実践を伴い振り返りながら質を高めていくことを示す。学校・教師だけが学校教育を進めるときではない。チームとしての学校はすでに進化しつつある。チームとしての学校づくりを学校経営の重要な視点とすることを示す。

教育課程実施に向けて配慮すべき事項

　教育課程の編成・実施では、教育課程に位置付けられている教科等の内容の実施・実現に目が向き、それを支える教育諸条件などをとかく忘れがちになる。学校管理職は、学校経営計画にこれらをしっかりと記述し、全体の構想と関連付けながらそれぞれの視点の意義、どのように具現するかについての方法・手だて、道筋等を示すようにする。

- 学校間の接続の意義や具体的な取組の方針や内容を示す。幼稚園・保育園と小学校との連携では、特に小学校におけるスタートカリキュラムの取組み方針を示す。小学校と中学校の接続・連携について、特に外国語の指導、生徒指導等について子供、教師、保護者の共通理解を図りながら実施するなど、進め方を具体的に示しておく。

- 児童生徒の発達の支援の方向性に沿って、ガイダンス、カウンセリングの視点や取組み方、学年の時期の特長を生かした指導の視点や指導の工夫、諸連携の在り方等を示す。

- 生徒指導の充実では、地域や家庭の環境を踏まえながら、自校の生徒のよさや課題に応じて、指導の重点を定め、一人一人の児童生徒の自己実現に向けた全教職員一体となる取組の推進を示す。課題・難題に対して管理職が共に解決に向かうことを表明する。

- キャリア教育の充実では、新たに始めるキャリアノートの取組について学校としての考え方・取組み方を示し、子供の自己実現に生かされるように取り組むことを明示する。

- 障害のある児童生徒の指導では、個別の教育支援計画や個別の指導計画を活用し、保護者や関係機関等と連携するとともに、学校として対応や指導に当たることを明示する。

- 海外から帰国した児童生徒、日本語の習得に困難のある児童生徒の指導では、家庭も含めた個々の実態を把握し、関係機関等とも連携し個に応じた指導が行き届くようにする。

- 不登校児童生徒の指導では、社会的自立を促す視点をもち、家庭、関係機関と連携しながら個々の実態に応じた情報の提供やその他必要な支援を組織的に行うことを明示する。

- 週時程や日課表について柔軟な扱いをしながら工夫や改善を進めていくことを示す。

Profile

てらさき・ちあき　全国連合小学校長会会長、東京学芸大学教職大学院特任教授等を歴任。現在、一般財団法人教育調査研究所評議員・研究部長、教育新聞論説委員、公立小学校2校の学校運営協議会委員、小中学校の校内研究・研修の講師、教育委員会主催の教員研修講師等を務めている。

●カリキュラム・マネジメント

カリキュラム・マネジメントを実現する「学校経営計画」の工夫

兵庫教育大学大学院教授

浅野良一

組織マネジメントから捉えるカリキュラム・マネジメント

今回の学習指導要領の改訂で、カリキュラム・マネジメントとは、「教育課程に基づき組織的かつ計画的に各学校の教育活動の質の向上を図っていくこと」とされ、その実現のため、①各教科等の教育内容を相互の関係で捉え、学校の教育目標を踏まえた教科横断的な視点で、その目標の達成に必要な教育の内容を組織的に配列していくこと（教科横断：教育活動の改善）、②教育内容の質の向上に向けて、子供たちの姿や地域の現状等に関する調査や各種データ等に基づき、教育課程を編成し、実施し、評価して改善を図る一連のサイクルを確立すること（PDCAサイクル：教育内容の質的改善）、③教育内容と、教育活動に必要な人的・物的資源等を、地域等の外部の資源も含めて活用しながら効果的に組み合わせること（経営資源の効果的な活用）が必要であると指摘している。

つまり、カリキュラム・マネジメントとは、学校の教育目標の達成や各種の課題解決をカリキュラムに着目して行う活動であり、「学校経営計画」とは、その実現のために、学校の教育成果と教職員の満足度をともに向上させることを目指し、意図的に調整されたシステムであり計画的な諸活動で、組織マネ

ジメントの設計図であるといえる。

そこで本稿では、カリキュラム・マネジメントを実現する「学校経営計画」にどのような工夫が必要かその留意点を解説する。

「学校経営計画」のめざす姿・力の入れどころ・行動規範の工夫

（1）めざす子供像・学校像の工夫

カリキュラム・マネジメントは、学校の教育目標の達成を実現するための活動であり、そのための「学校経営計画」作成の留意点としては、まず第一に「めざす子供像」の工夫があげられる。学校教育目標とは、「眼前の子供について、これを育て上げようとする望ましい人間についての具体的な目当て」（上滝孝次郎・山村賢明・藤枝静正1978）とされ、めざす子供像に近い。ベネッセが、学習指導要領改訂の節目に実施している調査では、学校教育目標に盛り込まれている文言のトップ5は図のとおりであった。

今回の学習指導要領改訂のキーワードは「社会に開かれた教育課程」であり、「これからの社会を創り出していく子供たちが、社会や世界に向き合い関わり合い、自らの人生を切り拓いていくために求められる資質・能力とは何かを、教育課程において明確化する」と書かれている、そこで、学校経営計画に

● KEYWORD
「社会に開かれた教育課程」を意識した「めざす子供像」「めざす学校像」 学校の内外の経営資源を活用した特色づくり 働き方改革を視野に入れた「めざす教職員像」

	小学校	中学校
第1位	心の教育 豊かな心	心の教育 豊かな心
第2位	思いやり	健康 体力
第3位	健康 体力	思いやり
第4位	自ら学ぶ力 自己学習力	自立 自主 主体性
第5位	生きる力	自ら学ぶ力 自己学習力

図 ベネッセ「第5回学習指導基本調査小中版」(2011年)

おけるめざす子供像には、図で示されている以上に、「主体的に」「自ら進んで」「伝え合う」「学び合う」「社会とつながる」などの文言が数多く盛り込まれることが予想される。

またもう一つ、学校の教育目標としては、「めざす学校像」があげられる。これは、いわゆる組織の使命(ミッション)であり、存在意義を示すものである。「めざす学校像」とは、当然、子供に対するめざす姿を記述するが、それに加えて、社会や地域にとってどのような存在でありたいのかを明示するのは必須であろう。

(2) 力の入れどころ (重点事項・特色) の工夫

「学校経営計画」の戦略にあたる部分が、「力の入れどころ」である。これは、「めざす子供像」や「めざす学校像」を達成するために、特に力を入れて取り組む事項である。学校では、重点事項・重点目標・努力点等、さまざまな言い方があるが、学校のもつ内外の経営資源や能力を結集して成果を上げようとするベクトル(方向性)である。

学校が重点事項を設定する理由は、学校が経営資源を潤沢にもっていないからである。潤沢ではない資源をばらまいてしまうと、全部がうまくいかない。そこで、「ここぞ」という点に集中して力を注ぎ、得られた成果を全体に波及させるやりかたが資源の豊富でない場合にとる戦略の常道である。

また、重点事項には、子供たちの学力や社会性、体力の向上に直結した「教育の重点」と、その実現のための「経営の重点」がある。それには、カリキュラム・マネジメントの三つの視点(教科横断/PDCA

サイクル/経営資源の効果的な活用)を忘れてはならない。

さらに、力の入れどころには、重点事項に加えて学校の特色があげられる。特色とは、他校と違ったことをすることではなく、わが校の経営資源の強みを活用して、わが校ならではの教育活動・取組を展開し、わが校ならではの子供たちへの教育成果を提供することである。

この特色についても、「社会に開かれた教育課程」では、「教育課程の実施に当たって、地域の人的・物的資源を活用したり、放課後や土曜日等を活用した社会教育との連携を図ったりし、学校教育を学校内に閉じずに、その目指すところを社会と共有・連携しながら実現させる」とあり、学校内部だけではなく外部に目を向け積極的な働きかけと活用が求められる。

(3) 行動規範の工夫

「学校経営計画」に工夫を加える3点目は、行動規範である。これは、「めざす子供像」や「めざす学校像」実現のために全教職員が遵守すべき、行動指針であり、学校では「めざす教職員像」として示されているケースが多い。昨今の働き方改革の流れを踏まえて、わが校の教職員の姿に工夫を加えることが求められる。

以上、カリキュラム・マネジメント実現に向けた「学校経営計画」の工夫を紹介した。

Profile

あさの・りょういち 東北大学教育学部卒業後、民間企業を経て、昭和61年産業能率大学入職。経営管理研究所主任研究員を経て、平成19年度から兵庫教育大学大学院教授。専門は、組織マネジメント、人材育成。主な著作に、『学校の組織マネジメント能力の向上』(共著)(教育開発研究所)、『ステップアップ:学校組織マネジメント』(共著)(第一法規)、『学校のニューリーダーを育てる』(共著)(学事出版)、『学校におけるOJTの効果的な進め方』(編著)(教育開発研究所)等。

●学習指導

主体的・対話的で深い学びの視点からの授業改善の推進
学校経営と授業改善をつなぐ

鎌倉女子大学教授
高橋正尚

学力向上を目指した学校経営

　学校経営計画は高い教育水準と教育の質を保証し、学力の向上を図るために校長が経営ビジョンを明確にし、学校経営方針、めざす学校像・めざす児童生徒像・めざす教師像、中期目標（3年間）、本年度の重点目標（指導の重点）を立て、各年度における学習指導、生活指導、進路指導等の教育活動や学校運営の目標と、これを達成するための具体的方策や数値目標を示したものである。

　校長の最大の仕事は、リーダーシップを発揮して学校経営計画を具体的に日々の教育活動で具現化していくことである。これを実行するためには、評価できる具体的な目標を設定し、評価項目ごとに達成度100%を目指す必要がある。

　教育活動で最も大切なことは、学校教育法で定められている教育を行う際の留意事項（30条2項）の学力の要素である「基礎的な知識及び技能」「思考力・判断力・表現力・その他の能力」「主体的に学習に取り組む態度」を確実に定着させることである。私はこれまで公立、私立で校長を経験してきたが、経営方針の柱には「全員の学力を引き上げる」を設定し、「全員」にこだわった学校経営を強力に推進してきた。これを達成するために、中期目標（3年間）

　の到達目標をゴールとし、逆算して各学年の目標を設定する。また、1年間の目標を確実に達成するために3〜6か月間の短期目標を設定し、到達状況を把握する。データを積み重ねることによって、各学年の目標や中期目標の改善につなげていく。短期目標が達成できない場合は、原因を調査・分析して、すぐに改善を図るようにした。単元終了時の到達度評価や統括的評価で目標に到達していない場合は、主体的・対話的で深い学びの視点で各単元や1時間1時間の授業改善を行うとともに、必要に応じて教

A公立中高一貫教育校の学校経営計画		
A公立中高一貫教育校の教育目標		
■学校教育目標 ①学びへの飽くなき探求心を持つ人材の育成【知性】 ②自ら考え、自ら行動する力の育成【自主自立】 ③未来を切り拓く力の育成【創造】 ■目指す学校像 ①国際社会で活躍するリーダーの育成を目指す学校 ②6年間の一貫教育で健全な心身を育む学校 ③質の高い学習により、高い学力を習得できる学校 ④生徒が互いに切磋琢磨し、常に活気に溢れている学校 ■育てたい生徒像 ①高い志を持ち、国際社会の発展に貢献する生徒 ②幅広い知識を活用して、自ら課題解決を図る生徒 ③自他の在り方を尊重し、健康で豊かな生活を創造する生徒 ④自己の生き方を探求し、自分の進路を主体的に実現する生徒		
A公立中高一貫教育校　目標・指導の重点（目標達成のための方策）		
中期目標 ① 生徒、保護者の教育内容の満足度90%以上 ② 主体的・対話的で深い学びの実現に向けた授業改善を行い、生徒の授業満足度90%以上 ③ 併設高等学校（後期課程）への進学100% ④ 3年間で基礎学力の養成 中期目標②についての指導の重点 ・言語能力や情報活用能力の向上を図る授業を実施する。 ・生徒が授業中に自由に意見交換ができる環境をつくる。 ・単元の目標を達成させるために、協同学習の技法を取り入れた授業を行う。 ・協同学習の技法は総合的な学習の時間で3年間系統的に学ばせる。　　等	・中期目標②についての授業改善の取組内容 ・学校評価、授業評価の結果を授業改善に結びつけるシステムをつくる。（PDCAサイクルの構築） ・「主体的・対話的で深い学びの実現に向けた授業改善をする」という研究テーマを設定して授業研究を実施する。 全員が研究授業を行う。 ・新しい学習指導要領に関する校内研修会を計画的に実施する。 ・教職員が協同学習の技法を身に付ける研修会を実施する。 ・学力調査等により、学習成果を分析し授業や教育課程の改善に取組む。	

図1　学校経営計画の例示

● KEYWORD
主体的・対話的で深い学び　学力の３要素を実現する
学校経営計画　目標の明確化・具体化　学力分析と授
業改善

育課程全体の見直しも行う。また生徒への個別指導
（学習指導・学習相談）にも取り組むことが大切であ
る。**図１**は、新学習指導要領で「主体的・対話的で
深い学びの実現に向けた授業改善」をイメージした
学校経営計画の例示である。

学校経営と授業改善をつなげたことによって成果を上げたＡ小学校の事例

　平成27年４月にＡ小学校に新しい校長が着任し、
すぐに学校教育目標の見直しに着手した。新しい学
校教育目標の一番目に、「考える力を育てます」を設
定し、考える機会を増やしたり、論理的思考（ロジ
カルシンキング）のスキルを鍛えたりして、「考える
力」を育てることを学校の方針とした。

　同年12月の職員の研究会で、校長は次年度から、
思考力をテーマに授業研究に取り組むことを提言し、
授業研究会で、社会科、理科、生活科で思考ツール、
言語活動を活用した授業に全員が取り組んだ。同時
に、教科横断的な学習として、参加型学習のアクティ
ビティを用いた授業を高学年で実施した。

①Ａ市学力・学習状況調査より

　市学力・学習状況調査の「授業では、自分の考え
を発表していますか」の「よくしている」と「どち
らかといえば、している」の割合の合計で70％以上
を目標とした。平成27年度と平成29年度を比べると
10ポイント以上、上回っている。

②全国学力・学習状況調査より

　全国学力・学習状況調査の「５年生までに受けた
授業で、自分の考えを発表する機会では、自分の考
えがうまく伝わるよう、資料や文章、話の組立てなど
を工夫して発表していたと思いますか」の「当ては
まる」「どちらかといえば、当てはまる」の割合の合
計で60％以上を目標とした。目標は達成し、平成28
年度と平成30年度を比較すると10ポイント以上、上
回っている。二つのデータより授業が改善されてい

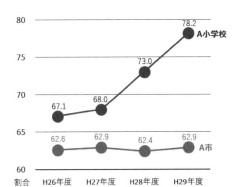

図２　Ａ市学力・学習状況調査質問紙の結果
「授業では、自分の考えを発表していますか」の「よくしている」と「ど
ちらかといえば、している」の割合の合計

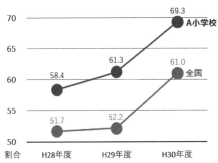

図３　全国学力・学習状況調査質問紙の結果
「５年生までに受けた授業で、自分の考えを発表する機会では、自分の考え
がうまく伝わるよう、資料や文章、話の組立てなどを工夫して発表していた
と思いますか」の「当てはまる」「どちらかといえば、当てはまる」の割合

ることが分かる。しかし、授業改善と学力向上の関
係については課題が残り検討する必要がある。

　このように、学校経営計画を作成する場合はデー
タ（エビデンス）を示すことが肝要となる。具体的
には、主体的・対話的で深い学びの視点から授業改
善ができているかどうかの評価指標を設定し、数値
目標を定めて検証する必要がある。また、学校経営
の評価の精度を高めるために、学校経営計画の進捗
状況を児童生徒・保護者・地域に公開し共有する。

Profile

たかはし・まさなお　大学卒業後、民間企業を経て千葉
市・横浜市で公立小中学校教員を務め、横浜市公立中学
校校長、横浜市教育委員会学校教育部主席指導主事を経
て、横浜市立南高等学校附属中学校校長。2016年より
鎌倉女子大学教授、2019年より初等・中等教育統括部
長（幼稚園、小学校、中・高等学校統括校長）。

●学習評価

学習評価を充実させるために

東京都江東区立明治小学校統括校長

喜名朝博

新学習指導要領の全面実施に伴い、文部科学省より新しい学習評価の在り方が示された。学校経営計画のスタートラインを揃えるためにも、新しい学習評価について教員の理解を深め、4月に備えておきたい。

学習評価の基本

学習評価の基本的な考え方は変わっていない。学習評価の目的は、教師の授業改善に資するものであること、子供が自らの学習改善につながるものであることの2点である。例えば、知識・技能の評価が低い子が多い場合、それはとりもなおさず指導内容や方法に課題があったと考えるべきであり、子供の姿を通して授業改善につなげていかなければならない。さらに、子供たちの進歩の状況や学習過程で見せる「よさ」を教師が捉え、積極的に評価していく必要がある。それにより子供たちは、学んだことの意義や意味、その価値を実感できるようになるだけでなく、自身の目標や課題が明確になり、学習への推進力が生まれるのである。

新学習指導要領における観点別学習状況評価の実際

育成すべき資質・能力の三つの柱（下記【　】内）に対応して各教科等の目標が整理された。観点別学習状況評価の観点もその三つの柱と対応し、全ての教科等で3観点となった。従来のものよりも構造的で分かりやすくなっている一方、後述のとおり、「学びに向かう力、人間性等」の評価については2重構造となっており、留意しなければならない。

【知識及び技能】⇒〔知識・技能〕

各教科等における個別の知識及び技能の習得状況について評価するとともに、それらを既有の知識及び技能と関連付けたり、活用したりする中で他の学習や生活の場面でも活用できる程度に概念等として理解したり、技能として習得したりしているかについて評価する。

【思考力・判断力・表現力等】⇒〔思考・判断・表現〕

各教科等の知識及び技能を活用して課題を解決するために必要な思考力・判断力・表現力等を身に付けているかどうかを評価する。

【学びに向かう力、人間性等】⇒〔主体的に学習に取り組む態度〕

【学びに向かう力】に対応した観点であり、二つの側面から評価することになる。一つは、知識及び技能を習得したり、思考力・判断力・表現力等を身に付けた

りすることに向けた粘り強い取組を行おうとする側面。もう一つは、自らの学習状況を把握し、学習の進め方について試行錯誤するなどの自らの学習を調整しながら学ぼうとしているかといった意思的な側面である。二つの側面は相互に関わっており、自分の学習を調整しようとしない状態では粘り強さは見られず、粘り強さがなければ自らの学習を調整することはできない。

　なお、【学びに向かう力、人間性等】における【人間性】に当たる「感性や思いやり」などの評価については、個人内評価によって見取っていくことになる。したがって、評価規準などは示されず、教師による日々の記録が不可欠である。

観点別学習状況評価の方法と留意点

　資質・能力のバランスのとれた学習評価を実現するためには、結果のみを評価するのではなく、学習の過程の評価を重視する必要がある。それは指導と評価の一体化の実現と重なるものである。多面的・多角的な評価によって、子供たちの成長やよさを見取り、実効性のある学習評価にしていきたい。
〔知識・技能〕
　事実的な知識を問う問題、概念的理解を問う問題は、従来のペーパーテストで対応することになるが、学習内容によって二つの問題のバランスを考える必要がある。さらに、知識や技能を活用する場面を設定し、教科の特性に応じて多様な方法でその活用状況を評価していく。
〔思考・判断・表現〕
　ペーパーテストによる方法以外にも、ワークシートの記述や発言内容、友達との話し合いの様子、多様な表現方法を取り入れるなどにより評価していく必要がある。また、学習の成果としての作品を集めたポートフォリオを活用した評価も有効である。
〔主体的に学習に取り組む態度〕
　学習への取組み姿勢を評価するには、ノートやワー

クシートの記述や発言、教師による行動観察、子供たちの自己評価の見取りなどが考えられる。特に、この観点での評価は、「知識・技能」「思考・判断・表現」の状況を踏まえて評価する必要がある。また、前述のとおり、この観点では「自らの学習を調整しようとする側面」と「粘り強い取組を行おうとする側面」で評価していくことになり、授業改善によって2つの側面が明らかになるような場を設定する必要がある。例えば、自らの理解の状況や学習への取組み状況を振り返ることができるような発問やワークシート、友達との話し合いなどを通して自分の考えを相対化する場面などを作っていくことが考えられる。

学習評価を充実させるために

　学習評価は子供たちの評定にもつながるものであり、その妥当性や信頼性が求められる。その精度を高めていくためにも、学校として評価規準や評価方法を明確にすることはもとより、事例研究によって評価についての様々な課題を共有することを通して教員一人一人の力量形成を図っていかなければならない。さらに学習評価は、指導要録によって連続性のあるものとなることから、学校全体で一貫した方針の下に全ての教員が学習評価に取り組むことが重要であり、校長として学校経営計画にその方針を明確に示していく必要がある。

Profile
きな・ともひろ　現・江東区立明治小学校統括校長。東京都公立小学校教諭、東京学芸大学附属大泉小学校教諭、町田市教育委員会指導主事、台東区教育委員会統括指導主事、中野区教育委員会指導室長を務めた後、江東区立枝川小学校、江東区立豊洲北小学校で校長・統括校長を務め現職。現在、東京都公立小学校長会会長、全国連合小学校長会会長。中央教育審議会教育課程部会・教員養成部会委員。

●外国語・外国語活動

推進の鍵は校長の積極的な
リーダーシップ！

福岡市立石丸小学校長
長門直子

小学校外国語教育の推進は「言語活動を通して」

　次年度の新学習指導要領全面実施によって、高学年の外国語活動は教科としての外国語科に、また3・4年生の外国語活動は、高学年外国語科への動機付けとなる外国語活動という新たな枠組みの中で始まる。目標も小・中・高を貫いた共通の視点が盛り込まれる内容になっている。しかしながら、言語や文化に対する理解を深め、児童が実際に外国語である英語を使って自分の考えや気持ちを伝えようとする意欲を高めたり、実際にできるようにしたりするという根本的なところは、外国語活動が始まった当初から変わっていないことを、私たち指導者は理解しておかなくてはならない。改めて小学校外国語教育の目標を全職員で共通理解する場を設定したい。

　今回小・中・高のどの目標の中にも「言語活動を通して」という文言がある。外国語の学習なので当然であろうと思われるが、改めて記述された意味を考え、毎時間の学習に言語活動を必ず設定した学習が展開される必要がある。したがって、指導者である教員がそのことを共通理解しておかなくてはならない。

　校長としてまず、全面実施前の移行期間である今の時期に、自校の外国語教育の指導の実際を自分の目で見て確かめることが大事である。小学校外国語教育を推進するための課題を洗い出し、次年度の取組に備えたい。小学校外国語教育の推進は、先を見据えた校長の積極的なリーダーシップにかかっているといえる。

学校全体で取り組む校内体制づくり

　外国語・外国語活動を円滑に進めていくためには、まず全職員で取り組む体制を整えることである。今は指導していない低学年の担任、あるいは専科教員であっても次年度は指導することもある。外国語専科教員が配置されている学校では、学級担任は全く外国語活動の指導をしていないという現状もある。また、その専科教員についても次年度加配されるかどうかは不透明である。今、どのように外国語活動の学習が進められているのか、どのような教材を使って指導しているのか全職員で共有する場が必要である。例えば、今後の小学校外国語教育の進め方についての理論を学んだり、公開授業研修会を設定して指導の実際を共通理解したり、分担して教材や教具を整えたり、教室や外国語ルーム等の環境物を一緒に作成したりすることもよい。全職員による共通理解を図る研修を計画的に設定することをお薦めしたい。

　また、授業づくりを話し合う学年研修会の時間の

● KEYWORD
校長の積極的なリーダーシップ　言語活動を通して
学校全体で取り組む体制づくり　学年研修会の充実
OJT研修　小中連携の取組

確保が必須である。取れるときにではなく、放課後
に次時の指導案を検討したり、電子教材を一緒に見
ながら操作したりする打ち合わせの時間を学年任せ
にせず学校全体で設定することが大事である。さら
に、ALTとの打ち合わせ担当も学年で輪番にし、1
年間同じ教員がするのではなく、一人に偏らない学
年体制を整えることも大事である。そのための放課
後の時間設定を1週間という枠の中で考えるとよい。
放課後の時間を如何に有効に活用できるかが学年研
修の時間の有効活用に繋がる。会議等を精選したり、
校務分掌を機能化したりして時間を捻出することが
大切である（本校では、会議を月曜日に設定し、学
年主任に火曜日から金曜日までの放課後の時間の使
い方を計画・運営させている）。

　ALTは各自治体から配置されている時間をフルに
活用することが大切である。次年度からは評価も分
担してするようになるので、打ち合わせの時間を確
実に取れるようにする必要がある。ALTの活用とし
ては、教材教具を作成したり、ワークシート等を印
刷したりする仕事も分担してもらう。休み時間には
「○○先生とのトークタイム」と銘打ってSmall Talk
をする時間を設定したり、給食を一緒に食べたり、
掃除を一緒にしたりして、児童の英語を用いたやり
取りする力を向上させることも可能である。また、
教員の英語力を高めるための研修やクラスルームイ
ングリッシュを活用するビデオ録画等、活用方法は
種々あり検討したい。

OJT研修と全体研修の組み合わせに よる教職員の指導力向上

　外国語・外国語活動の指導力の向上を図るために
は、個々の教職員への指導と全体的な指導を組み合
わせた研修を計画的に設定することが必要である。
　個々の指導についてはOJT研修が最適である。指
導のよさと課題を見取り、その日のうちにそれを本

人に伝えることが有効である。授業の度に課題解決
を図りながら行う授業改善の取組が個々の指導力の
向上に繋がるのである。全体的な指導については、
計画的に研修会を設定したり、外部講師を招聘した
公開授業による研修会で指導の在り方を共通理解し
たり、指導助言者に自校の取組を診断してもらった
りして自校の課題を明らかすることが必要である。

　また、授業イメージをもてずに苦労している教職
員も多く、他校の公開授業研修会や発表会に積極的
に参加し、外国語・外国語活動の授業イメージをも
てるようにしたり、他校の取組のよさを自分たちの
指導に効果的に取り入れたりして指導力の向上を
図っていくことも大切である。

児童の学びの継続が図られる小中連携 の取組を

　小学校・中学校・高等学校と貫かれた視点が盛り
込まれた外国語教育にあって、小・中の連携は言う
までもない。児童がよりよい学びを蓄積していける
よう、小中共に互いの授業を見合うことに始まり、
小学校は中学校の外国語科の学習を常に念頭に置き
ながら、また中学校は小学校での学びを生かした授
業を展開していく必要がある。そのためには校種を
越えた連携を管理職自身が意識し積極的に推進して
いくことが大事である。

　新学習指導要領全面実施下での外国語・外国語活
動の効果的な推進は、自校の実態の上に立つことが
大事であることは言うまでもない。上述した内容を
学校経営計画作成において参考にして頂けたら幸い
である。

Profile

なかと・なおこ　平成17・18年度福岡市教育センター
小学校英語教育長期研修員。平成26年度より現職。平成
27年度より福岡市小学校外国語活動研究委員会委員長。

●道徳教育

「考え、議論する道徳」の実現
学習像の共通理解と継続的・組織的な取組

前福岡県篠栗町立篠栗小学校長
青木晃司

「特別の教科 道徳」の目標から目指す学習像を確認する

　小学校及び中学校学習指導要領解説「特別の教科　道徳編」（以下、「道徳科」と表記）において、道徳科の目標が次のように示されています。

> よりよく生きるための基盤となる道徳性を養うため、道徳的諸価値についての理解を基に、自己を見つめ、物事を（広い視野から）多面的・多角的に考え、<u>自己の〈人間としての〉生き方</u>についての考えを深める学習を通して、道徳的な判断力、心情、実践意欲と態度を育てる。［一部抜粋］
> ※中学校学習指導要領では、（　）を挿入、下線部を〈　〉に変更

　今回示された目標で着目すべきことは、道徳科の目標に「道徳科が目指すべき学習像」が明記されたということです。目標の文言を言い換えれば、児童生徒が「自分事として主体的に学習を展開すること」（主体的な学び）「他者との旺盛な意見交換により多面的・多角的に考えながら価値の追求把握を行うこと」（対話的な学び）により、価値理解を深めながら生き方に

ついての考えを深めていく、まさに「道徳科における見方・考え方」を働かせて『考え、議論する道徳』（深い学び）を進めるという学びの姿を示しています。

「考え、議論する」道徳の授業づくりのポイント

　図1は、学校経営計画を構想する際、道徳科を要とした道徳教育を推進するために指導計画に位置付ける必要がある要素を構造的に示したものです。図の中央には道徳科の学習像（児童生徒の学びの姿）と目指すもの（道徳性の育成）、左右に工夫すべき要素を示しています。

(1) 道徳的価値を自分自身との関わりの中で深めていく道徳科の授業であること

　道徳科の授業の「ねらい」の設定は、指導内容の解釈、児童生徒理解、教材分析の3点から行いますが、ここで把握した児童生徒理解の内容（経験等）は、

《道徳教育推進計画全体構想》

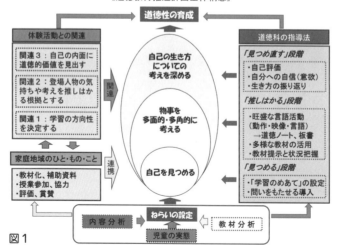

図1

● KEYWORD
考え、議論する道徳　自分自身との関わりで考える
多面的・多角的に考える　道徳教育推進教師　道徳科
の授業評価

[特集] 新課程の学校経営計画はこうつくる
■ practice 7 ■

学習指導過程の各段階において活用することが大切です。「見つめる段階（導入）」では、自分自身の経験から学習の方向性や問いを明確にします。「推しはかる段階（展開）」では、教材中の登場人物の気持ちや考えを推しはかる際に経験と重ねて考えることにより、自分自身のこととして主体的に考えを深めることができます。「見つめ直す段階（終末）」では、学んだ価値を自分の経験に見出し実践への意欲を高めます。このように各段階に経験を生かすことは、道徳教育（授業）の課題であった「読み取り道徳」からの脱却にもつながります。また、各自の経験（各教科等の学習や体験活動）を道徳科の学習に生かすためには、教科横断的なカリキュラム編成を行うとともに、家庭や地域の「ひと・もの・こと」の把握と指導計画への位置付けを明確にしておきたいものです。このことは、今求められているカリキュラム・マネジメントの必要性とも重なるところです。

（2）一面的な見方から多面的・多角的な見方へ発展させる道徳科の授業であること

　答えが多様である道徳科の授業においては、「児童生徒が教材中の人物の行為のよさ（価値）を異なった立場や状況から考えたり」（多角的）、「行為の是非を異なる価値から議論したり、行為の動因を複数の観点で整理したり」（多面的）しながら価値理解を深めていきます。そこには、必然的に意見交流や議論などの旺盛な言語活動が生まれ、道徳的価値の追求把握が深まっていきます。このような言語活動をさらに充実させるためには、問題解決的な学習や体験的な学習などの工夫と併せて、道徳科における役割演技や動作化などの「動作的な表現」、心情カードや表情図などの「視覚的な表現」、小集団やペアトークなどの形態の工夫による「ことばによる表現」を児童生徒の実態に応じて位置付けることが大切です。併せて、児童の思考が深まるような教師の発問構成、自己内対話を深める道徳学習ノート、思考の構造化を助ける板書構成なども多様に工夫したいものです。

道徳教育推進教師の役割

　学校における道徳教育を効果的に推進するためには、校長のリーダーシップと道徳教育推進教師の意欲的な取組が不可欠です。小学校学習要領解説総則編には、道徳教育推進教師の役割が以下の8項目示してあります。

○ 道徳教育の指導計画の作成　○ 全教育活動における道徳教育の推進，充実　○ 道徳科の充実と指導体制　○ 道徳用教材の整備・充実・活用　○ 道徳教育の情報提供や情報交換　○ 道徳科の授業公開など家庭や地域社会との連携　○ 道徳教育の研修の充実　○ 道徳教育における評価［一部省略］

　このように道徳教育推進教師には、道徳教育のP-D-C-Aの全ての局面に関わり中核となって推進することが求められています。学校長は、校務分掌に位置付ける際、その役割と重要性を全教職員が共通理解できるようにすることが大切です。

「特別の教科　道徳」に取り組むにあたって必要なこと―授業評価―

　指導と評価の一体化ということが言われますが、教師自らが指導を評価し、その評価結果を授業改善に生かすことが自分自身の指導力の向上につながることは言うまでもありません。そして、その教師一人一人の評価結果の積み上げが、次年度の学校経営計画及び道徳教育の全体計画や道徳科の年間指導計画の修正・改善に反映されていくのです。

Profile

あおき・こうじ　福岡教育大学卒業。福岡教育大学附属久留米小学校、福岡県教育センター道徳教育研究室での勤務を通して道徳教育に関する実践の積み上げと理論構築に努めた。その後、13年間、県内の小学校長として学校経営を進める間に、福岡教育大学教職大学院教授として学級・学校経営という視点で学校における道徳教育の重要性を提唱した。主な著書として、『道徳教育の基礎と展開（共著）』（コレール社）、『道徳教育の新しい展開（共著）』（東信堂）等、多数の執筆がある。

●生徒指導

生徒指導計画作成の視点

神田外語大学客員教授

嶋﨑政男

カリキュラム・マネジメントに基づく生徒指導計画

今次の学習指導要領の改訂では、全ての教科等の目標・内容が「知識及び技能」「思考力、判断力、表現力等」「学びに向かう力、人間性等」の三つの柱で再整理された。

生徒指導においても、「生きる力」を育成するため、この3点の目標達成に向けたカリキュラム・マネジメントの確立が求められている。カリキュラム・マネジメントの三つの側面から、生徒指導計画の策定に当たっての留意点を整理する。

（1）児童生徒等の実態把握と教科等横断的な指導

指導計画作成の第一歩は、児童生徒や学校・地域の実態を適切に把握し、身に付けさせたい資質・能力を明確にすることに始まる。

児童生徒の生徒指導上の課題は多様化・複雑化しており、文部科学省の調査等によると、ここ数年、いじめ、不登校、小学校における暴力行為、児童虐待、家庭内暴力の急増が目立ち、グラフでの上昇カーブはほぼ重なっている。これらの問題に加え、自校の実態から明らかになった課題の検討が必要である。

共通する資質・能力については、「学習指導要領解説」に、「児童（生徒）自ら現在及び将来における自己実現を図っていくための自己指導能力」や「社会的・職業的自立に向けて必要な基盤となる資質・能力」とある。生徒指導は問題行動への対応だけが目標ではない。このような積極的な意義を重視しなければならない。

（2）生徒指導の進行状況の評価と改善

生徒指導計画を基に、いじめ防止基本方針や学校安全計画が策定され、いじめ防止や安全確保のための指導が計画的・組織的に進められる。このような指導の評価は年度末の学校評価だけでなく、生徒指導関連行事の終了後等に実施し、PDCA（計画・実施・評価・改善）サイクルの確立を図る必要がある。

また、生徒指導は全ての教育活動を通して実践されるものである。日常の指導の中で、児童生徒の負担感が明白であったり、保護者から指導方法に疑念の声が上がったりした場合には、その都度、適時適正な評価を実施し、早急の改善に結び付けることが重要である。

（3）生徒指導の推進に必要な人的・物的体制の確保

中央教育審議会答申「チームとしての学校の在り方と今後の改善方策について」（平成27年12月）を受け、専門性に基づくチーム体制の構築が進んでいる。

校内での生徒指導組織の確立、心理や福祉等の専

● KEYWORD
生きる力　カリキュラム・ネジメント　チーム学校
児童生徒の発達支援　教科横断的指導計画　実態把握
適時評価・改善

門家との協働、専門機関からの支援等、チーム学校の充実は生徒指導上の課題解決に大きく寄与している。生徒指導計画の策定に当たっては、保護者や地域との連携・協働に加え、チーム学校の機能が効果的に発揮できるよう、具体的な協働の在り方等について明記しておく必要がある。

「児童生徒の発達の支援」に基づく生徒指導計画

新学習指導要領では、小・中・高等学校ともに、新たに「児童生徒の発達の支援」が設けられた。本稿では、これを基に、①生徒指導の視点、②外国につながる子への支援、③不登校対応の３点を取り上げ、学校経営計画（生徒指導）策定のポイントをまとめる。

（1）生徒指導の視点―「生きる力」を育む生徒指導

「児童生徒の発達の支援」には、「児童生徒が、自己の存在感を実感しながら、よりよい人間関係を形成し、有意義で充実した学校生活を送る中で、現在及び将来における自己実現を図っていくことができるよう、児童生徒理解を深め、学習指導と関連付けながら、生徒指導の充実を図ること」とある。

学校経営計画の策定に当たっては、この意義を十分認識し、生徒指導方針を明確に示すとともに、全教職員がこれを共有し、積極的・組織的に取り組んでいけるような体制づくりに努めなければならない。

（2）外国につながる子への支援

日本語の習得に困難があったり、文化・習慣等の違う環境に戸惑ったりする児童生徒が学校生活に不適応感を抱くことのないよう、日常的な個別的配慮とともに、全校児童生徒等との異文化理解を深める活動を工夫したり、帰国した（あるいは外国人の）児童生徒等が外国での生活経験を生かせる場面を増

やしたりするなどして、学校での所属感や自尊感情を高める教育活動を生徒指導計画に位置付ける必要がある。

（3）不登校対応

これまで、文部（科学）省は不登校対応に係る通知を４回発出している。このうち、令和元年10月の「不登校児童生徒への支援の在り方について」では、「過去３回の通知等は廃止」とあるので、不登校に関する対応方法・計画を学校経営（生徒指導）計画に盛り込む際には、第４回通知を熟読玩味する必要がある。

最も留意しなければならない点は、「どの子にも起こり得る」「登校という結果のみを目標としない」「休養や自分を見つめ直す等の積極的な意味を持つ」等の表現への「誤解」である。通知には社会的自立への支援や学業の遅れ等の解消についても明記されている。「不登校対応からの撤退」という誤解が生じることは絶対に阻止しなければならない。

不登児童生徒の状況に応じた組織的取組は引き続き真摯に取り組む必要がある。校内でプロジェクトチームを設け、校内外の多様なリソース（資源）を活かした組織的取組、個別支援計画の作成等、保護者と十分連絡を取り合いながら、不登校児童生徒の状況に合わせた方法を工夫する必要がある。

Profile

しまざき・まさお　神田外語大学客員教授。公立中学校教諭・教頭・校長、東京都立教育研究所指導主事、福生市教育委員会指導室長・参事を経て神田外語大学教授。日本学校教育相談学会名誉会長、千葉県青少年問題協議会委員、千葉県いじめ調査委員会副委員長、９県市でいじめ対策委員長等を務める。主な著書に『学校崩壊と理不尽クレーム』（集英社）、『脱いじめへの処方箋』（ぎょうせい）、『いじめの解明』（第一法規）、『ほめる・しかる55の原則』（教育開発研究所）等。

●特別支援教育

学校における特別支援教育
インクルーシブ教育を支える連携体制を整える

長野県青木村教育長
沓掛英明

これからの特別支援教育の理念と学校として取り組むべきこと

(1) 早期支援の充実と連続性のある支援体制の整備を目指す

　特別支援教育のねらいは、障がいのある子の自立や社会参加に向けて適切な支援を行っていくことにある。そう考えると、支援は低学年では手厚く、学年が上がるにつれて徐々に減らしていく方向で目標を設定し、継続した支援を行っていく必要がある（現実には、学年が上がるにつれて、二次障害が起きるなど、支援の質や量を増やしていかざるを得ないケースも見受けられる）。

　支援を減らすことができる、理想的な対応を可能にするには、早期支援体制を整えることが最も有効な方策であると考えている。支援の必要な子供たちに対し、学校だけが独自に対応するようでは、指導法の見極めや保護者との連携において後手に回ることが多くなるからである。

　子供の発達について、最初に関わる立場にあるのは保健師である。次に幼稚園・保育園の保育士が対応し、指導計画を作成して指導に当たっている。学校は、保健師や保育士と連携を図り、個別の教育支援計画を引き継ぐ体制を整える必要がある。平成29年に同時改訂された「保育指針」と「幼稚園教育要領」を受けて、幼稚園や保育園は、自尊感情や忍耐力、社会性などの非認知能力を育てることに力を注いでいることに注目したい。

> 　早期教育の重要性は、現在、世界が着目し、日本もその動きの中にある。ノーベル経済学賞を受賞したジェームズ・J・ヘックマン教授の研究で有名になった「ペリー就学前プロジェクト」の調査結果は、アメリカだけでなく、日本の幼児教育にも大きな影響を与えた。就学前に非認知能力を向上させる教育を受けた子どもたちは、大人になってから安定した生活を獲得できるという効果が報告されている。平成29年3月に同時に改訂された「保育指針」と「幼稚園教育要領」は、共にこの結果を受けたものであるとされている。
> [参考] ジェームズ・J・ヘックマン著『幼児教育の経済学』〈東洋経済新報社、2015年〉

　具体的には、入学前に小学校長、特別支援コーディネーターなどの学校の担当者と保健師、幼稚園、保育園の園長などで連携会議を行い、支援の必要な子供たちの情報を共有し、小学校見学や体験入学などの機会を設けていきたい。さらに、障害児通所支援事業所との連携も図っていきたい。幼稚園や保育園からの連続した支援ができる体制を整えていくことで、子供たちは小学校入学後に落ち着いたスタートが切れ、それが安定した学校運営に結び付く（しかし、現実には多くの保健師は学校は敷居が高いところだと思っている。また、指導が学校に継続されて

● KEYWORD
インクルーシブ教育　早期支援　関係機関との連携
合理的配慮　様々な学びの場

いかないと思っている保育士も多い。それぞれの情報が学校と共有されないでいるのは、非常にもったいない）。一人の子供や家庭をめぐる情報の共有は、意識の連携にまで発展し、チームとして支援に当たろうという一体感が生まれる。この一体感こそが連携のねらいであると考えている。そのためには、学校側から積極的に関係機関に声を掛けていくようにしたい。

このような丁寧な移行支援は、その後も大切になる。個別の教育支援計画をツールとして、中学校、高等学校への移行期についても同様に行っていく必要がある。

特別支援教育における学校としての体制とカリキュラム・マネジメント

(1) 合理的配慮の検討と社会性を育てる専門性の向上

インクルーシブ教育では、支援の必要な子供たちが、充実した学校生活を送るために、学習内容の変更やコミュニケーションへの配慮、専門性のある指導体制の整備などの合理的な配慮を行うことになっている。例えば、授業の流れが分かるように活動の順番を黒板に掲示したり、教科ごとに授業の流れを一定にしたりすることで、子供たちは見通しをもって授業に臨むことができる。一人の子に優しい対応は、全ての子供に優しくなることを念頭に取り組みたい。このような合理的な配慮は、学校内で情報を共有し、個々の子供に合わせた支援について、意識を高めていくようにしたい。

一方で、「学習指導要領総則」（小学校）の第4「児童の発達の支援」の項には、集団の場面での必要な指導や援助を行うガイダンスの重要性が書かれている。将来の社会参加を見通したとき、自立活動などを通して、集団で生活できる力を育てていくことも重要になる。このような、自立に結び付く力を育てることや、教師が高い専門性を身に付けるためには、特別支援学校や通級指導教室、特別支援学級担任等

との連携による、チーム支援体制を強化していくことが方策になる。ここにも連携の重要性が出てくる。

(2) 様々な学びの場を用意し、実態に応じて柔軟な対応を行っていく

多様な子供たちに対応するために、特別支援学校や通級指導教室、特別支援学級、通常の学級があり、それぞれの子供たちの実態に合わせた教育課程が用意されている。しかし、一度入学、入級したら、卒業まで固定であると考えるのではなく、子供たちの成長を見極め、退級して通常の学級に戻るようにするなど、柔軟な対応を常に考えていくことが、今後の方向であると考えている。

特別支援教育を学校経営計画に盛り込むポイント

(1) 授業改善の視点に特別支援教育を位置付ける

授業改善のための一つの視点として、学びに困難さを抱える子供に焦点を当てて授業を考えるようにする。そうすることで、学校としての授業のスタンダード化が図れる（例；授業の流れの一般化。板書計画の共有化。グループ学習の定着化等）。

(2) 外部と連携し、教員の意識改革を図る

指導の方針を決定する際に、スクールカウンセラー等外部機関の専門家と連携し、チームとして障がいのある子の理解を深めるようにする。そうすることは、教員の専門性の向上にもつながる。

Profile

くつかけ・ひであき　昭和29年生まれ。新潟大学教育学部卒業。公立小学校教諭として教職をスタート。信州大学附属特別支援学校教諭、長野県教育委員会指導主事（特別支援教育）、長野ろう学校教頭を経て上田市立丸子中央小学校長。その後、長野県教育委員会特別支援教育課教育幹を務め、平成23年より長野県青木村教育長。

実務から教養まで。新教育課程に向けて、今なにをすべきかがわかる待望のシリーズ！

スクールリーダーのための12のメソッド

学校教育・実践ライブラリ

A4判、本文100頁（巻頭カラー4頁・本文2色／1色刷り）

ぎょうせい／編

各巻定価（本体1,350円＋税）各巻送料215円
セット定価（本体16,200円＋税）送料サービス

2019年4月より
毎月下旬発行
全12巻

現場感覚で多彩な情報を発信

日々の学校づくり・授業づくりをみがく理論と実践のシリーズ

＊各月特集テーマは変更する場合があります。送料は2019年9月時点の料金です。

●本書の特長●

① "みんなで創る"
授業づくり、学校づくり、子供理解、保護者対応、働き方……。
全国の現場の声から、ともに教育課題を考えるフォーラム型誌面。

② "実務に役立つ"
評価の文例、校長講話、学級経営、単元づくりなど、現場の「困った！」に応える、
分かりやすい・取り組みやすい方策や実例を提案。

③ "教養が身に付く"
単元とは、ユニバーサルデザインとは、など実践の土台となる基礎知識から、
著名人のエッセイまで、教養コーナーも充実。実践はもちろん教養・癒しも、この1冊でカバー。

●充実の連載ラインナップ●

創る create
- ●田村学の新課程往来【田村　学〈國學院大學教授〉】
- ●学びを起こす授業研究【村川雅弘〈甲南女子大学教授〉】
- ●講座　単元を創る【齊藤一弥〈島根県立大学教授〉】　ほか

つながる connect
- ●UD思考で支援の扉を開く　私の支援者手帳から【小栗正幸〈特別支援教育ネット代表〉】
- ●学び手を育てる対話力【石井順治〈東海国語教育を学ぶ会顧問〉】
- ●ユーモア詩でつづる学級歳時記【増田修治〈白梅学園大学教授〉】　ほか

知る knowledge
- ●解決！ ライブラちゃんのこれって常識？ 学校のあれこれ
- ●本の森・知恵の泉【飯田　稔〈千葉経済大学短期大学部名誉教授〉】
- ●リーダーから始めよう！ 元気な職場をつくるためのメンタルケア入門【奥田弘美〈精神科医・産業医〉】

ハイタッチな時空間を味わう
- ●[カラー・フォトエッセイ] Hands〜手から始まる物語〜【関　健作〈フリーフォトグラファー〉】
- ●[エッセイ] 離島に恋して！【鯨本あつこ〈NPO法人離島経済新聞社統括編集長〉】
- ●[校長エッセイ] 私の一品〈各地の校長によるリレーエッセイ〉

●全国の先生方の声を毎月お届け●

ワンテーマ・フォーラム──現場で考えるこれからの教育

旬のテーマについて毎回、4〜5名の教職員が意見や想いを寄稿。
他校の取組のリアルや、各地の仲間の生の声が日々の実践を勇気づけます。

テーマ例

- 今年頑張りたいこと、今年のうちにやっておきたいこと（4月配本）
- 地域を生かす学校づくり・授業づくり（6月配本）
- 外国語（活動）──うまみと泣きどころ（7月配本）
- 子どもの感性にふれるとき（10月配本）

●お問い合わせ・お申し込み先
㈱ぎょうせい
〒136-8575 東京都江東区新木場1-18-11
TEL：0120-953-431／FAX：0120-953-495
URL：https://shop.gyosei.jp

解決! ライブラちゃんの
これって常識？ 学校のあれこれ

修学旅行ってなぜやるの？ [後編]

ライブラちゃん

前回、修学旅行の事始めが軍隊式だったことを聞いたライブラちゃんは大いに驚きました。そして、安全・安心な修学旅行を実現させるために多くの人の努力があったことを知ったのです。「わー、ミッキー！」「ハリーポッター最高！　やっぱUSJだね！」なんて浮かれている中高生のなんと多いことか。でも、岩瀬先生のお話を聞いて、修学旅行には、深〜い目的があったり、問題もあったりして、よりよい修学旅行を創るために頑張っている団体もあることも分かりました。今回は、修学旅行をめぐる課題とこれからの展望などについてライブラ記者が切り込みます。

「安全性」「教育性」「経済性」が柱

——ところで、先生がいる全修協ってどんなことをやっているの？

　全国修学旅行研究協会（公益財団法人）では、修学旅行の実施状況調査をはじめ、各種セミナー、ホームページコンクール、修学旅行専用列車の調整など様々な事業を行っていますが、私たちが大事にしているのは、設立以来の理念である修学旅行の「安全性」「教育性」「経済性」という三つの柱なんですね。安全・安心で、確かな学びがあって、そしてできるだけ経済的な負担のない修学旅行を目指しているわけです。

なるほどですね。具体的には（と記者気取りで）。

　「安全性」については、かつてに比べて大きく改善されましたが、国際社会の動向や自然災害、食

物アレルギーなど、対応すべき今日的な課題もあり、常に子どもを守るということにも心を砕かなければなりません。そのための情報発信も必要だと考えています。

　「教育性」については、修学旅行も学習指導要領に位置付けられている以上、今回の改訂にうたわれた「何を学ぶのか」「どのように学ぶのか」「何ができるようになるか」といったことを、修学旅行においても実現させなければなりません。この三つの視点を大事にした修学旅行を創っていくということを学校現場と協働して進めていきたいと思っています。

　そして、「経済性」については、実は課題となっていることがあります。現在、交通費も宿泊費も高騰しており、中学校で二泊三日で約６万円、高校では三泊四日で約10万円かかっています。そうした中で、修学旅行に行かない子どもが増えているのです。その中には、経済的な理由と思われるケースも多い。ここ数年の私たちの調査でも増えていることが分かっています。そこで、全修協では現在、校長会をはじめ他の関係団体と連携して国に対して、就学援助金増額のための陳情活動に

も取り組んでいます。幸い、少しずつ成果は出始めていますが、できれば子どもたちにはタダで修学旅行に行かせてあげたい。修学旅行の完全無償化をいつか実現できればと思っています。

頑張ってください！

修学旅行は学びの集大成

――前回の終わりに修学旅行にも感性が必要だと言ってましたよね。

はい。私たちが目指しているのが、修学旅行に行くことによって子どもたちの感性を高めていくということなんです。

子どもたちが中学校3年間、高校3年間にわたって友達と学んだり感性を高めたりしてきたことを存分に発揮できるのが修学旅行だと考えています。つまり、修学旅行は学びの集大成なんですね。

例えば、私が教員時代に行った修学旅行で、子どもが何気ない景色に「おお、ビューティフル！」って言ったんです。何も教えていないことに子どもたちは感動したりするんですよ。それをみんなで共有するわけです。こうした機会をたくさん与えてあげるのが、教師・学校の役目であり、修学旅行の役目でもあるのではないでしょうか。感性には、自然に対するものもあるし、人間に対するものもあります。そういうものをより広く、より深く気づかせてあげる機会が修学旅行なのではないかなと考えています。

――先生の子ども時代の修学旅行ではどうでしたか。

う～ん。僕らのころは、大部屋で枕投げっていう"伝統的"なものでしたね（笑）。ただ、一度、修学旅行先で重度の障害者の方とすれ違ったことがありました。当時は日常的に障害のある方を見ることはあまりなかったので、衝撃を受けた記憶があります。自分は五体満足で好き勝手に生きているのに、ハンデがありながら頑張っている人がいることを知って、何か震えるような思いがしました。本来の修学旅行の目的とは違う体験でしたが、非日常の中での出会いで心を揺さぶられるということも修学旅行という機会があったからこそだと思っています。

これからの修学旅行も、新しい展開が見えるかもしれません。今は大抵学年単位で同じ時期に行っていますが、より小集団で自分たちなりの旅先や時期をチョイスして、自分たちなりのテーマを持って行ってくる修学旅行というものも出現するかもしれませんね。

いずれにしても、日本の若者たちにできるだけ素晴らしい体験をさせてあげたい。その方法論の一つが修学旅行です。修学旅行で学んだことが人生の大きなバックボーンになってくれればいい。そんな思いで、私たちもよりよい修学旅行を創るために努力していこうと思っています。

――ありがとうございました！

岩瀬正司 先生

昭和25年生まれ。東京都の公立中学校で社会科教師として教職をスタート。平成21年に全日本中学校長会長、（公財）日本中学校体育連盟会長、中央教育審議会臨時委員を歴任。24年より（公財）全国修学旅行研究協会理事長。

大女優が語る "清々しい生き方"
『あなただけの、咲き方で』

惜しまれる永遠の旅立ち

昨秋（令和元年10月24日）、女優の八千草薫さんは、多くのファンに惜しまれつつ永遠の旅立ちをした（88歳・すい臓がん）。この人の楚々とした美しさを語る人は、今も多い。

小学校（国民学校初等科）のとき、大東亜戦争開戦。昭和22年に宝塚歌劇団に入団、戦中・戦後が少女期である。初舞台は、「分福茶釜」の子狸役であったと聞く。

映画に出演するようになったのは、越路吹雪の紹介。昭和29年には「宮本武蔵」のお通役に抜擢された。昭和31年に「乱菊物語」に出演したのがきっかけで、谷口千吉監督と恋仲になり結婚（夫は19歳年上）。

その暮らしの日々は、本書に頼りたい。帯に、「追悼　日本女性の憧れ、八千草薫さんが大切にしてきたこと」と書かれた本書。野に咲く花のように、自分らしく生きるヒントはここにあると思える一冊なのだ。

生き方が書かれた一冊

ページを開く。まず目次を見るとしよう。「第1章　品よく、暮らすために」「第2章　仕事と向き合うときの心構え」「第3章　女優生活から学んだこと」「第4章　ひとつの世界だけで生きない」「第5章　幸せな人間関係を育む」「第6章　美しく歳を重ねるために」の全6章だ。この目次を見ただけで、

この人の肩の張らない生き方や、清々しく生きてきた姿は、ひしひしと伝わってくるではないか。

「品位や品格とは、相手のことを思いやる気持ちの現れだと思う」と、著者は第1章の最初のページで書く。「姿勢を正して挨拶をしたり、相手を敬う言葉を選んだり……。自分のためでなく、相手に配慮した立ち居振る舞いを無意識のうちにできることが、自ずと品位となって現れるものだと思うのです」と書いているが、テレビで見る元気なころの姿は、これであったのかと思う。

人生を豊かにする "少しの背伸び"

「少しの背伸びが、人生を豊かにする」をモットーとしていた著者。その人は、"仕事と人生"をどのように考えてきたのだろうか。「仕事と向き合うときの心構え」の第2章に目を向けよう。

語られているのは、13の事柄である。ひたむきな仕事観を、ここに見ることは貴重。そのいくつかを書き出してみよう。「深く、静かに潜航する役者でありたい」「たとえ人が見ていなくても最善を尽くす」「喧々諤々のディスカッションを大事にする」「適度な緊張感はプラスに働く」「お酒とのよいつき合い方を知る」などである。

「お酒とのよいつき合い方を知る」では、「お酒の上手な生かし方、つき合い方は、失敗も経験しながら、仕事を通じて得ていくのが、大人のたしなみなのかもしれません」と語る。大人のたしなみの一語に、深く共感した。

『あなただけの、
咲き方で』
八千草　薫　著
幻冬舎

いいだ・みのる　昭和8年東京・小石川生まれ。千葉大学で教育学を、法政大学で法律学を学ぶ。千葉大学教育学部附属小学校に28年間勤務。同校副校長を経て浦安市立浦安小学校長。62年4月より千葉経済大学短期大学部に勤務し教授、初等教育学科長を歴任。この間千葉大学、放送大学講師（いずれも非常勤）を務める。主著に『職員室の経営学』（ぎょうせい）、『知っておきたい教育法規』（光文書院）、『教師のちょっとしたマナーと常識』（学陽書房）、『伸びる芽育つ子』（明治図書）ほか共著・編著多数。

千葉経済大学短期大学部
名誉教授
飯田　稔

この人の生き方は

「仕事以外の世界を持つ」も、感じ入った文だ。「女優としてだけではなく、一人の女性として胸を張って生きることができる女性になりたい。そう考えていた私にとって、自然や動物などと戯れる時間は、何にも代え難いものだったのです」と述べた後に、次の語りがある。

「そして今、自分の生き方を振り返ってみて、もうひとつ別の世界を持っていることが、自分の強みであり、視野を広げることにもつながったのだと思っています」と言い切っている。一見おだやかそうで、実は自分らしく生きている芯の強さは、ここからも気づいたこと。

日常から離れることで生まれる絆、自然に親しむために庭に造ったビオトープ、繊細な優しさをもつ犬や猫などの語り。心の支えに、何が必要であるかを考えさせられた。

ほんのちょっと無理をする

「最近、私が大切にしている言葉に、"ほんのちょっと無理をする"というものがあります。分不相応に無理をし過ぎると、自分自身も疲れてしまいますし、人に迷惑をかけてしまうこともあるかもしれません」「だからといって、無理をしたり、努力をしたりしなければ、どんどん老いていってしまうような気がするのです。うんと無理をするのではなく、ほんの少し背伸びをしながら、歳を重ねていくことができれ

ばと思っています」と、著者は書く。

第6章の「美しく歳を重ねるために」で、著者の語ることを抜粋しよう。「美しさとは、若さにこだわらないこと」「日々のケアは足し算よりも引き算」「自分らしくいられる洋服を選ぶ」「骨を強くすることを意識する」「朝食で体のバランスを保つ」などは誰もが真似したいことでないだろうか。

人柄は、もう一つの本からも

この人が、惜しまれながら他界したことをあらためて考えた。そして、人はだれもが惜しまれつつの永遠の旅立ちでありたいと願っていることも。

そこで、本書とともに、著者の書いた本を1冊紹介しておくとしたい。『まあまあふうふう』（主婦と生活社）である。本書と同様、この本もまたいい。

内容は4章構成。「1章　日々のこと。暮らしのこと。」「2章　山のこと。自然のこと。」「3章　芝居のこと。仕事のこと。」「4章　歳をとること。生きること。」である。

「4章　歳をとること。生きること。」には、がん発病後の日々の暮らしが書かれている。

女優として、紫綬褒章（平成9年）、旭日小綬章（平成15年）を受章。「まあまあふうふう」は、"ちょうどいい加減"と著者が大切にする言葉。

ストレスに対抗する心の力をつける
その③「マインドフルネス瞑想を活用しよう」(後編)

精神科医（精神保健指定医）・
産業医（労働衛生コンサルタント）
奥田弘美

　ストレスに対抗するための心の力をアップするヒントをシリーズでご紹介しています。

　前回に続いて今回は、現在注目を集めている心のトレーニング法であるマインドフルネス瞑想法について解説します。

　マインドフルネス瞑想法は、大きくサマタ瞑想とヴィパッサナー瞑想に分けることができます。

　サマタ瞑想は、心を一つのことに集中させることによって、雑念を払い集中力を強化させる効果があると考えられています。前回ご紹介した深呼吸瞑想やイーティング瞑想は、このサマタ瞑想に入ります。

　さてもう一つのヴィパッサナー瞑想について今回は詳しく解説していきましょう。ヴィパッサナー瞑想は、サマタ瞑想とは違い「自分の心を観る瞑想」です。主な効果としては、自分の心を洞察する力が得られるため、心を成長させる効果があるとされています。

　まずやり方をご説明しましょう。

●ヴィパッサナー瞑想のやり方

① 床に座布団や布を敷いて胡坐座に座り、背筋を伸ばします。胡坐は自分のかきやすい形でOKです。胡坐がかけない環境のときは、椅子に背筋を伸ばして座ります（背もたれにはもたれません）。手は膝の上にそっと重ねて置きましょう。

② 眼を閉じて、鼻から息をゆっくり吸い込みながら、鼻先を意識します。空気が鼻腔を通る「感覚」を最も感じやすい場所をひとつ決めて、そこで呼吸の空気の流れを感じます。

③ 空気が入ってきたこと、そして出ていくことを鼻先の一点で「感じ」そして「呼吸をしているこ

とに気づく」。ヴィパサナー瞑想では、この作業をひたすら繰り返します。

　ヴィパサナー瞑想をはじめると、意識は1分たりと鼻先に留まっていません。何らかの刺激やきっかけで、つい何らかの思考や感情が浮かびます。例えば時計の針の音がふと聞こえたら、「今日の夕食は何時ごろかな？」「子供たちは家に帰っているだろうか」とか。エアコンの風の音が聞こえたら、「外は寒いかな」とか「そろそろエアコンの掃除しなくちゃ」とか。こんな風にちょっとした刺激やきっかけで心が反応してしまうのです。

　また、時には過去の思い出や未来の予想に心が動き、怒り、不安、心配、焦りといったネガティブな感情も出てくることもあります。

　こうした思考や感情が生まれたら、その思考や感情に一時は意識が囚われますが、そのたびに気付いてください。そして「あ、思考していた」「怒りの感情が湧いた」「過去のイライラを思い出した」などと気づいたら、それ以上深く考えや感情を追いかけることは止めて、再び鼻腔を空気が通る感覚に戻しましょう。

　ひたすらこの繰り返しを行っていくのがヴィパッサナー瞑想です。

　ヴィパッサナー瞑想では、禅のような「無」を目指す必要は全くありません。「雑念が浮かんで瞑想に集中できなかった」と自分を責める人がいますが、それは全くの誤解です。

　そもそも特殊な訓練をしていない人間が思考を止めて「無になる」ことは非常に困難なのです。

　ヴィパッサナー瞑想では、思考や感情が生まれるたびに「気づく」そして「また鼻先に戻る」という

●おくだ・ひろみ　平成４年山口大学医学部卒業。都内クリニックでの診療および18か所の企業での産業医業務を通じて老若男女の心身のケアに携わっている。著書には『自分の体をお世話しよう〜子どもと育てるセルフケアの心〜』（ぎょうせい）、『１分間どこでもマインドフルネス』（日本能率協会マネジメントセンター）など多数。

作業を淡々とひたすら繰り返していくタイプの瞑想です。

　ヴィパッサナー瞑想を続けていると、次第に些細な刺激やきっかけによって思考や感情がどんどん生まれ出る「心の仕組み」を体感できます

　ある刺激によって過去や未来にまつわる思考や感情が浮かび、それらがまたきっかけいになって違う情景や思い出が浮かんできてさらなる思考や感情に心が囚われていく。これらは「思考の連想ゲーム」と呼ばれる現象です。

　私たちの心には、ふとした刺激やきっかけで思考や感情が生まれます。そして自分でどんどんそれらを増幅させてしまうという特徴があるのです。例えば……車のクラクションが聞こえた➡以前に運転中に体験したトラブルを思い出す➡「あのときの相手の対応は本当に失礼だった」と怒りが湧く➡「そのトラブル処理のストレスが長引いて家族に八つ当たりしてしまった」ことを思い出す➡「自分はまだまだ心が未熟だなあ、そういえばこの前の討論でもついカッとしてしまったっけ」と自己嫌悪の気持ちとともに最近の出来事を思い出す➡自己嫌悪の気持ちがさらに増幅し悲しく情けなくなる……といった具合です。

　この例でもわかるように、いわゆる「連想ゲーム」になってネガティブ感情が次々と生まれ増幅されていますよね。

　このような思考の連想ゲームが私たちの心の中ではしょっちゅう生じています。そしてその過程で様々な感情が沸き起こり、時にはそれが増幅していき、自分で自分を苦しめたり、悲しませたりしていることが多々あるのです。

　ヴィパッサナー瞑想を通じて、思考の連想ゲームとそれに伴う感情の生起・増幅の仕組みを理解しておくことは、ストレス対策においてとても役立ちます。もし心がネガティブ思考の連想ゲームをはじめても、自分の心の動きに素早く気づけるようになればなるほど、ネガティブ思考の連想ゲームを意識的にストップさせ、ストレスとなる感情や思考にどっぷり心が囚われてしまう時間を減らすことができるようになるのです。

　ヴィパサナー瞑想を繰り返し行っていると、この「気付き」が早くなってきます。また思考や感情に囚われず、鼻先の呼吸に戻るという作業を瞑想中に繰り返すことで、ネガティブ感情から気持ちを切り替えるトレーニングにもなります。

　ぜひ前回のサマタ瞑想に加えて、ヴィパッサナー瞑想も活用してみてください。

思考スキルと思考ツール

求められる思考力の育成

　実社会で活用できる能力が求められる時代では、思考力の育成がどの国においても大きな課題となっている。朝日新聞とベネッセ教育総合研究所が共同で実施した「学校教育に対する保護者の意識調査」の結果にも、同様の結果が示されている。

　「論理的に考える力」……………84.1%
　「物事を多面的に考える力」……87.9%
　「課題を発見する力」……………86.2%
　「主体的に行動する力」…………88.8%

　これは、各項目に対して「とても」「まあ期待する」の数値である。保護者が求める学力は、実社会で活用できる能力であることを物語っている。中でも、思考力の育成が期待されていることは明らかと言えよう。

　この思考力を育成していくためには、考える力や思考力といったビッグワードをそのまま使っていては実現は難しい。まずは「比較して考える」「関連付けて考える」などの思考スキルとして具体化することが欠かせない。さらに、思考力を育成する学習活動が求められる。ここに思考ツールの必要性が生まれる。

思考力を育成する思考ツール

　比べたり分類したりして考えるためのベン図、統合して考えるためのピラミッドチャート、関連付けて考えるためのウエッビングマップなどの思考ツールを用いることが思考力を育成するためには有効である。これらの思考ツールは、学習者としての子供の情報処理が期待する方向に向かうようなフレーム、枠組みとなっている。したがって、自ずと期待する思考力が発揮され、結果として思考力は育成されていく。

　また、この思考ツールを用いた学習活動では、自ら学び、共に学ぶ子供の姿が生まれやすい。その理由の一つは、情報の可視化にある。つまり、思考ツールを使うと、処理する情報「つぶ」と情報処理の方向「組立方」、その結果として成果物「かたまり」がよく見える。この「つぶ」「組立方」「かたまり」がよく見えること、つまり可視化されていることが子供の学習活動や思考の活性化を生成する。

総合的な学習の時間と思考ツール

　思考力を育成するには、総合的な学習の時間の探究プロセス（①課題の設定、②情報の収集、③整理・分析、④まとめ・表現）の中の整理・分析場面がふさわしい。整理・分析とは、「収集した情報を、整理したり分析したりして思考する」であり、まさに思考力を発揮し、思考力を育成する格好の場面と考えられる。しかも、総合的な学習の時間では、身の回りの混沌とした暮らしの中における様々な情報を処理し、そこに新しい関係や傾向を見出すことをしていく。極めてノイズの多い情報を処理しなければならない場面に出くわす。したがって、思考ツールのような情報を適切に処理する手立てが必要になってくる。結果的には、思考ツールの活用により、整理・分析場面が確かになり、探究のプロセスが質の高い

たむら・まなぶ　1962年新潟県生まれ。新潟大学卒業。上越市立大手町小学校、上越教育大学附属小学校で生活科・総合的な学習の時間を実践、カリキュラム研究に取り組む。2005年4月より文部科学省へ転じ生活科・総合的な学習の時間担当の教科調査官、15年より視学官、17年より現職。主著書に『思考ツールの授業』(小学館)、『授業を磨く』(東洋館)、『平成29年改訂 小学校教育課程実践講座　総合的な学習の時間』(ぎょうせい) など。

田村　学
國學院大學教授

ものとして実現していくこととなる。

　このように考えてくると、思考力を育成するためには、総合的な学習の時間の探究のプロセスが充実することと深く関わっていることが分かってくる。思考力のようなより高次な能力の育成をするためには、知識の習得のように「ここだけは覚えておきなさい」などと叱咤しても難しいことは容易に理解できる。知識の習得のための暗記・再生型の授業ではとうていその実現は難しい。したがって、思考力などの能力を育成するためには、自らの問題の解決に向けて思考力を存分に働かせる学習活動が用意されることが必要となる。問題の解決や探究活動の過程において論理的に考えて原因を明らかにしたり、拡散的に考えて新しいアイディアを生み出したりしていく。こうして自らの課題を解決するための確かな探究活動を繰り返していくことこそが大切なのである。

思考ツールを活用する子供の成長ステップ

　思考ツールを活用する際の留意点としては、「必然性（思考ツールを使う状況であるか）」「妥当性（求められる情報処理に相応しい思考ツールであるか）」「簡便性（手順ややり方が分かりやすくシンプルな思考ツールであるか）」「充足性（思考ツールを使った経験があるか）」などがある。しかし、思考ツールを活用した学習活動は、子供にとってさほど大きなハードルではない。むしろ自在に使いこなし、活用の仕方が進化していく子供の姿を目にすることが多い。

　その進化の段階としては、およそ次の5つのステップが考えられる。

①ステップ1【単独】：教師が用意した思考ツールを活用して考える

②ステップ2【選択】：子供が自ら思考ツールを選んで考える

③ステップ3【複合】：子供が複数の思考ツールを組合せて考える

④ステップ4【創造】：子供がオリジナルな思考ツールを開発して考える

⑤ステップ5【離脱】：子供が思考ツールを使わずに考える

　①〜⑤のステップを見ていくと、単に学習活動で思考ツールを使えばよいだけではないことが明らかになってくる。まずは、思考ツールとそこで行われている思考スキルを自覚していることが必要になる。どのような情報処理をする際に、どのような思考ツールを使っているかを学習者自身が理解していることが大切になる。次に、多様な思考ツールを経験することが必要になる。様々な思考のタイプとフレームイメージをシンクロさせることも大切になる。そして、考えていく過程をメタ認知的に捉えることが必要になる。そのためにも、思考ツールを使った学習活動に話合いなどのインタラクションと振り返りなどのリフレクションを位置付けることが有効となろう。最後は、思考ツールを活用することの良さを実感することが必要になる。自分にとっての価値ある学習こそが新たな工夫や創造を生み出すからである。

　思考力を育成し、探究プロセスを質的に高め、話合いや意見交換などの協働的な学習の実現に向かう思考ツールは、「主体的・対話的で深い学び」を具現する重要な学習活動の一つと考えることができる。

続・校長室の
カリキュラム✦マネジメント
［第10回］

言葉を体で読む

東京学芸大学准教授
末松裕基

　本連載も残すところわずかになってきました。今回はいつもと少し違ったテーマを論じたいと思います。ただ、これまでにも繰り返しその重要性を述べてきた読書や言葉への向き合い方を真正面から論じるという意味です。

言葉が軽視される時代

　われわれは、便利な社会に生きているわけですが、そのために、じっくりと考えることや難しいことに向き合うことをしなくてもよくなってきています。

　SNSやスマートフォンがこれだけ急に普及するというのは、文化的背景や年齢を問わずに、誰にでも通用する分かりやすい情報が飛び交うことを意味しています。小学生にYouTubeのような映像が流行するのは、ほとんど前提や準備なく直感的に物事が分かったような気になるからです。

　ただそういう物だけが流行する世界は恐いです。なぜかというと、人間や社会のほとんどの事象は、そのように分かりやすくはないからです。瞬発的に直感的に物事の背景や仕組みが理解できることの方が本来、珍しいのです。

　長年付き合っている友人でも、会っていない間に起きていることを全て把握することは無理ですし、その間にお互いが生きている感覚も考え方も多少は変わっています。「元気にしてた？」と問いかけられて、「うん、元気だよ。そういえばこの前

ね……」とのやり取りが正解とは限りません。

　質問した当人は「（最近、ちょっと私は元気がないんだけど）元気にしてた？」と言いたかったのかもしれませんし、「（この重たい話を急にするのは失礼かな……ひとまず……）元気にしてた？」かもしれません。

　そもそも質問に意味など込められていない状況もあるかもしれませんし、目に見えないものをいかに想像しながらコミュニケーションを図っていくか。「いま」「ここ」だけではない世界観でどのように社会や人間を考え、行動していくかが問われます。コミュニケーションとは、一方の意図どおりに展開し他者を統制するようなものではなく、それは双方にとって賭けに近く危ういそれゆえに創発的、生成的なものです。

自分の眼と精神を高いところへ

　昨今の政治家の例を挙げるまでもなく、表層的で初めから信頼に値しない形式化された言葉が虚しく行き交うことを多く目にします。接客などもその良い例ですが、マニュアルをこなした方が楽なのでしょうし、誰がやっても一通りの問題のないコミュニケーションができますので、それでよしと思う人も多いと思います。ただ、そういう大人の姿を子どもは信頼できるでしょうか。

　コミュニケーションはその場での瞬間的なやり取りにかかっているだけではなく、普段からの他

●すえまつ・ひろき　専門は学校経営学。日本の学校経営改革、スクールリーダー育成をイギリスとの比較から研究している。編著書に『現代の学校を読み解く—学校の現在地と教育の未来』（春風社、2016）、『教育経営論』（学文社、2017）、共編著書に『未来をつかむ学級経営—学級のリアル・ロマン・キボウ』（学文社、2016）等。

者との落ち着いた交流が求められます。読書による他者との対話はそれが可能です。読書は見ず知らずの他者（紀元前の異国の人であれ！）とじっくりコミュニケーションを取ることができます。

　私が読書のあり方を考える際に参考にすることが多い、作家の大江健三郎さんは読書について次のように語っています。

　「わずかな時であれ、自分の眼と精神を高いところへ引きあげられる経験。そのためにこそ僕は、本を読む喜びをつねづね更新してきたのだと思う。」（「作家と読書」『読書と私』文藝春秋、1980年、79頁）

◆ 再読は友情の証

　他者との対話として読書するという点から考えると、困難のない安心を得るための読書は、あまりオススメできません。そういったものもたまにはあってよいですが、1ページに分かり易い格言めいた一文しか載っていないような自己啓発本は、単純な内容ゆえに何にでも当てはまるようにできています。

　結果的に、みなさんの安心を満たしますが、現状追認に陥るばかりか、みなさんの不安をお金に替えているだけですので、そういうマーケティングの対象としてみなさんを狙う他者には警戒が必要です（大学人にもそういう人がいますが、みなさんを信頼していると言えるでしょうか？）。

　一度や二度、読んだだけでは他者は理解できません。長年連れ添った友人やパートナーですら、そんな簡単な存在ではありません（付き合えば付き合うほど謎は深まるばかり……）。

　読書はなおさらです。理解するなど不可能なことです。ですが、そういう前提で何度も何度も向き合う必要があるのが他者であり、読書です。詩人の長田弘さんは次のように述べます。

　「本について語られる言葉のおおくには、すくなからぬ嘘があります。誰もが本についてはずいぶんと嘘をつきます。忘れられない本があるというようなことを言います。一度読んだら忘れられない、一生心にのこる、一生ものだ、という褒め言葉をつかいます。……人間は忘れます。だれだろうと、読んだ本を片っ端から忘れてゆく。……忘れるがゆえにもう一回読むことができる。そのように再読できるというのが、本のもっているちからです。」（『読書からはじまる』日本放送出版協会、2001年、27-28頁）

　長田さんはこう述べたあとで、再読が必要となるのは、読書という経験をたえず自分のなかで新しい経験にしてゆくことができるためとしています。この連載に限らず、再読する価値があるかないかを一つの選書の基準にしてください（一読してすぐ分かることは、みなさんもうすでに知っていることですし、そういう本は他者というよりは使い捨ての読書の可能性が高いです。結果的に自他を使い捨てするコミュニケーション能力が身に付きます）。

　ですので、正解を得るための読書ではなく、対話する読書を目指して、多少難しくとも、継続する工夫をこそしてください。毎日、30分でいいです（試しにタイマーをセットして、30分読書してみてください。相当、読めることに気づきます）。そして、仕事で疲れているときこそ、声に出して朗読して読んでみてください。

　音楽のよさを理解するために、歌詞カードを黙読してもよく体感できないのと同じように、言葉もリズムでできています。昨今、流通する情報は、言葉というよりも固有名詞も顔もない記号のようなものです。デジタル情報はゼロ・イチに還元されたものですし、LINEのスタンプは自らの感情や言葉を見ず知らずの第三者にアウトソーシングしたものです。子どもになぜ絵日記を書かせるのでしょうか。

学校管理職の確保・育成〈その3〉

●本稿のめあて●
学校管理職候補者や現職の学校管理職の育成の現状に関して、国立教育政策研究所が実施した調査報告書の概要をもとに、その課題等について紹介します。その上で、教育委員会が実施する研修について、今後の方向性を考えていきます。

前号においては、学校の管理職候補者の減少という大きな課題に対して、どのように解決して管理職候補者を確保するかという視点を中心に見てきましたが、今回は、管理職候補となった教員や現職の学校管理職となっている校長、副校長・教頭に対する育成はいかにあるべきかを中心に考えていきます。

学校管理職候補者及び現職学校管理職に対する育成方策

学校の管理職候補者選考試験に合格したからといって、すぐに現場の管理職としての力量が発揮される保証はありません。また、現に学校現場で管理職として毎日業務をこなしているからといって、管理職としての資質・能力に磨きをかける取組をしなければ、保護者や地域社会から期待される学校づくりはできないと考えます。

このことに関して、興味深い調査があります。それは、「学校管理職育成の現状と今後の大学院活用の可能性に関する調査報告書」（平成26年3月）というもので、現・（独）教職員支援機構次世代教育推進センター長の大杉昭英氏が研究代表者として、全国67ある都道府県教育委員会と指定都市教育委員会や教育センターに対して調査を実施してまとめたものです。ここでは、いくつかのポイントを紹介します。

① 10年前と比較して学校管理職に特に求める資質・能力が変化していると回答した教育委員会は約4割、重視する資質・能力として、危機管理、地域連携、マネジメント、人材育成を挙げている。

② 学校管理職候補者の育成・確保に課題が多い（課題がある）とした教育委員会は約6割であり、課題の内容としては確保方策や若手教員の資質・能力の向上となっている。

③ 学校管理職候補者の育成・確保の手立てとして取り組んでいるものは、「将来の学校管理職育成における自らの役割の重要性を現職学校管理職に喚起する働きかけ」などが多くなっている。

④ 現職学校管理職の育成に課題が多い（ある）とした教育委員会は3割に止まり、7割の教育委員会は学校管理職育成について肯定的に捉えている。

⑤ 現職学校管理職の育成の手立てとして取り組んでいるものは、「任用初年度に新任学校管理職研修を行う」「新任か否かを問わず学校管理職全員を対象とした研修を行う」「新任学校管理職に対して教育委員会が訪問指導を行う」などが多くなっている。

⑥ 7割の教育委員会は、学校管理職候補者が実際に学校現場の管理職となる前に行う研修（任用前研修や着任前研修）を行っていない。

調査報告書からみえる課題と解決方策

まずは、学校管理職候補者の育成・確保です。多くの教育委員会で課題があるとしているものの、現職学校管理職に対する若手教員の発掘喚起に腐心をしているだけで、仕組みづくりがあまりなされていません。将来、学校管理職として嘱望される若手教員に手を伸ばし、行政または大学等教育機関がその仕組みづくりをすることが今以上に求められます。東京都では、かなり前から、教育行政研修として、学校管理職予備軍に、直接、手を入れて管理職を育

高野敬三

たかの・けいぞう　昭和29年新潟県生まれ。東京都立京橋高校教諭、東京都教育庁指導部高等学校教育指導課長、都立飛鳥高等学校長、東京都教育庁指導部長、東京都教育監・東京都教職員研修センター所長を歴任。平成27年から明海大学教授（教職課程担当）、平成28年度から現職、平成30年より明海大学外国語学部長、明海大学教職課程センター長、明海大学地域学校教育センター長を兼ねる。「不登校に関する調査研究協力者会議」委員、「教職課程コアカリキュラムの在り方に関する検討会議」委員、「中央教育審議会教員養成部会」委員（以上、文部科学省）を歴任。

てたり、教職大学院派遣研修を実施しています。

　次に、現職学校管理職の育成についてです。多くの教育委員会で任用初年度に新任学校管理職研修を実施したり、全管理職に対して研修を実施して、あまり課題はないとしていますが、どうでしょうか。研修の成果はどのように検証しているのでしょうか。また、現職学校管理職は満足しているのでしょうか。残念ながら、あまりそのような評価は私のところには届きません。管理職選考を合格して現に管理職として学校を治めているのですから、児童生徒、保護者や地域社会から「教育者」として尊敬されるような人材とする研修内容としなければならないと思います。決して、「教育行政受けする」現職学校管理職だけを育成してはいけないと考えます。

　さらに、学校管理職候補者が管理職として自立する前に実施する任用前研修または着任前研修についてです。約7割の教育委員会ではそのいずれも実施していないということに驚きを感じます。多くの「候補者」は、実際、学校現場で「候補者」が取れて、正に、学校管理職となったときには、現実との乖離に戸惑い、悩み、自己の適性に疑問が生じることもあります。東京都では、教育管理職候補者に対して、原則4年間または2年間（教育管理職候補者A、B）研修を実施しています。

今後の学校管理職等に対する育成方策

　まずは、研修をだれが行うかです。どの教育委員会でも、研修講師となっているのは、教育委員会や教育センターの指導主事、行政系の管理職が主です。

場合によっては、外部の一般企業や大学の教員を講師とすることもあります。もっと多彩な外部人材を講師とすべきです。

　次に、研修内容です。残念ながら、研修内容が、国や当該教育委員会の実施又は実施予定の教育行政の施策の説明やその手続きに関すること、人事関係、教育課題に関することが大半を占めていると聞いています。学校管理職を集めて行う研修では、日ごろの学校経営から離れて、そもそも「教育とは」「学校とは」に関して洞察を深める内容とすべきです。

　さらに実施方法も課題です。多くの場合、集合研修という形式をとり、研修時間の節約のため講義型、説明型が多いのも実情です。研修のコマの中には、演習型も取り入れ工夫している教育委員会もありますが、どうも管理職候補者や現職の学校管理職にとって、あまり自分の学校に還元できるものではないことが多いと聞いています。昨今の学校における働き方改革を推進するためには、集合研修という形態ではなく、所属校に居るままで研修受講ができるオンラインといった形態をとることも必要です。

　特に、平成28年11月に「教育公務員特例法等の一部を改正する法律」が公布され、公立の小学校等の校長及び教員の任命権者に、国の指針を参酌して、校長及び教員としての資質の向上に関する指標及びそれを踏まえた教員研修計画を策定することが義務付けられました。こうした状況の中にあっても、上に述べたことを基本として学校管理職候補者及び現職学校管理職の育成を行うことが必要です。

ONE TEAM（道下美里）

福岡県筑紫野市立原田小学校長　**手島宏樹**

「ONE TEAM」という言葉を知っていますか？

ラグビーワールドカップ日本代表選手の合言葉です。

「1つのチームになる。ベスト8をめざす」という日本選手の気持ちが、「ONE TEAM」という言葉に表れています。

11月に修学旅行に行った6年生の皆さんも、各班、各学級、そして6年生全体がそれぞれに「ONE TEAM」となって活動し、素晴らしい修学旅行をつくり上げました。

スクリーンを見てください。

知っている人もいると思いますが、視覚障害者マラソンランナーの「道下美里」さんです。

道下さんは、現在42歳。

お隣の太宰府市に住んでいます。

前回のリオデジャネイロ・パラリンピックには、視覚障害女子マラソンの日本代表として出場し、銀メダルを獲得しました。

現在は、来年行われる2020年の東京・パラリンピック出場が内定し、金メダルをめざして頑張っています。

その道下さんが、筑紫野市で行われた講演会で次のようなお話をされました。

それは、「できないことに執着するのではなく、できることを見付けて努力することが大事。私は夢をもち始めて人生が変わった」というお話です。

もう一度読みます。

「できないことに執着するのではなく、できることを見付けて努力することが大事。私は夢をもち始めて人生が変わった」というお話です。

でも、道下さんは、自分一人ではマラソンランナーとしての夢は実現できません。

道下さんは、視覚障害者だからです。

道下さんが夢を実現するには、仲間が必要なのです。

道下さんの夢を実現させるために、多くの仲間が集まり「チーム道下」に加わりました。

道下さんと一緒に、42.195キロを走る伴走者もいました。

仲間がいて初めて、夢を実現することができるのです。

皆さんには、原田小でともに過ごした164名の仲間がいます。

一緒に歩んできた164名の仲間を大事にして、皆さんの夢を追い求めてほしいと思います。

「できることを見付けて努力する」

「夢をもつと人生が変わる」

そして、「仲間とともに夢を追い求める」

この言葉を、卒業を前にした皆さんにおくります。

中学校に進んで、新しい仲間も増えます。

原田小の仲間、新しい仲間とともに「ONE TEAM」をつくり、夢を追い求めてほしいと思います。

ラグビーワールドカップ日本代表チームの選手も、同じ目標をもつ仲間がいて、「ONE TEAM」になって、ベスト8という夢がかなったのです。

夢を追い求める皆さんを応援しています。

【講話のねらいとポイント】

年が明けると本年度も残り3か月になります。今年1年間の学級のまとまり、学年のまとまり、そして学校としてのまとまりの姿を子どもたちに伝えたく講話をしました。特に、新年度を迎え中学校に進学し、他校から入学した友達と新たな学級・学年としてのチーム、部活動でのチームなどをつくり活躍する6年生に伝えたく思い講話をしました。

本年度は、ラグビーワールドカップの日本代表チームのスローガン「ONE TEAM」が報道機関等でも数多く伝えられました。学校でも、数年前から「チーム学校」という合言葉が様々なところで聞かれるようになりました。チームという意味は、共同で仕事をする人々の集まりです。ラグビー日本代表チームもしかり、学校現場のチームもしかり、共通の目標をもちその達成に向けて汗を共にする仲間ととらえます。先日、6年生の長崎への修学旅行があり、出島資料館やグラバー園など異国の文化に触れたり、浦上天主堂や如己堂・永井博士記念館など原爆遺跡に触れたりするフィールドワークを各班で行いました。自分たちで見学ポイントを決め、時間内に見学するという活動です。どの班もチームワークよく

フィールドワークを実施しました。

一人では達成できない夢もチームとなり実現することの大事さを、以前目にした道下美里さんの本の内容を参考に講話をしました。

【2月の学校経営】

新年度に向けて、次年度の学校経営要綱を見直す時期にきました。私は、昨年度A4で4枚の学校経営要綱をスリム化したいと思い、学年主任に「この経営要綱をA4で2枚にスリム化したい。学年で話し合って必要ない部分を削除してもらいたい。付加する内容があったら加えてもらって構わない」と提案しました。学年主任は、早速学年研修会で話し合い、スクラップ&ビルドの作業に携わってくれました。そして、約一か月後、運営委員会を開き報告を受けました。「校長としての教育理念は維持しながら2枚にまとめます」という言葉を伝え、A4で2枚(A3で1枚)の学校経営要綱が完成しました。この提案をしたことで、全教職員が学校経営要綱にしっかり目を通し、学校経営参画意識が高まったと考えます。本年度4月1日の職員会議で提案し、めざす子どもの姿の具現化をめざした教育活動も締めくくりを迎えようとしています。

「スリム化」という点で、全職員にお願いしたことが結果的に「経営参画意識の高揚」につながったと確信しています。

Hooray!

～わたしのGOODニュース～

明治大学文学部教授

齋藤　孝

　私が大学教員をしていて最も嬉しいイベントの一つは、かつて教え子だった学生が大学を訪ねてきて、近況を聞くときです。私は教職課程の授業を担当しているので、教え子には中学高校で教師をやっている人が多くいます。そういう教え子たちの話す具体的なエピソードは、どれも驚きと感動があり、聞いていてとても楽しいのです。

　その中で最近、特に印象的な話を聞きました。かつての教え子で、今は中学校で書道を教えているのですが、そこに少々素行に問題のある生徒がいたそうです。

　そんな中、書道の授業中、私の教え子が、その子の習字を黒板に張り出して、皆を前に集め「みんな、このハネを見てみろ。これをみんなまねして書こう！」と言ったそうです。その子のハネの書き方が上手だったらしく、その部分を赤丸で強調して見せたのです。

　その後、また書道の時間にその子の習字を張り出し、今度は別の箇所に赤丸をつけて、ここが上手く書けていると言って他の生徒に見せました。

　すると、しばらくしてその子の母親から電話がかかってきました。息子が書道に興味をもち、書道を習いたいと言うようになった、書道の先生にお礼がしたいと言うのです。これまであまり褒められることがなかったので、書道の時間に皆の前で褒められたのがとても嬉しかったのだそうです。

　褒められることで、問題があるとされていた生徒に、向上心をもって何かを頑張りたいというポジティブな気持ちが生まれたのです。

　とても素晴らしいエピソードですが、教え子が言うには、実はその生徒の習字は、必ずしも全体的な字として上手だった訳ではないそうです。た

This is it!

　だ、ハネやトメといった、特定の部分については本当によく出来ていた。そこで、その部分を赤丸で強調して褒めたそうです。

　私はこの話を聞いて、ある本を思い出しました。それがオイゲン・ヘリゲルの『弓と禅』という本です。日本で弓を習っていたヘリゲルが、日本人の師範から弓の極意を教わるまでを書いた本です。師範はヘリゲルに対して、ダメ出しはしません。ただ弓を射るとは、自分の意志で放とうとするのではなく「"それ"が射るのです」と教えます。

　そして稽古を重ねていたある日、師範は丁寧にお辞儀をして「今し方"それ"が射ました」と叫びます。師範は、ヘリゲルの所作を見て、正しい射を行ったことをその瞬間に指摘したのです。そこで感覚を掴んだ筆者は、段々と正しい射ができるようになりますが、そのたび師範はお辞儀をして、今のが正しい射であったと顕彰するのです。

　私の教え子はこの話を知っていた訳ではないでしょうが、「これがそれである！」とその場で示すことによって、生徒に何が正しいのかを伝え、努力する方向を示すという形で、ヘリゲルの師範に近い指導をしていたのです。

　私はこれを「これがそれだ方式」と名付け、マイケル・ジャクソンの映画にちなみ、英語で"This is it!"というようにしています。学生がポイントを捉えたとき、このフレーズを叫ぶのです。そうすると笑いが起き、全員に肯定的な空気が共有されます。否定する必要はなく、肯定だけで教育は進めることができるのです。

　教え子のエピソードは、それを改めて感じさせてくれるものとなりました。

●Profile●

1960年静岡生まれ。東京大学法学部卒。同大学大学院教育学研究科博士課程を経て現職。『声に出して読みたい日本語』（草思社）がベストセラーになり日本語ブームをつくった。著書に『読書力』『コミュニケーション力』（岩波新書）等多数。NHK Eテレ「にほんごであそぼ」総合指導。

資質・能力の育成は受験学力を変えるか

今年（2020年）から始まる教育改革を理解するには、学力や能力をどのようにとらえるかが重要なポイントになると思われる。最初に、今なぜ学力や能力が注目されるのかを考えてみることにする。

グローバリゼーションとは

グローバリゼーションという用語を目にするようになったころから、世の中が求める学力や能力が変わってきた。最新の『教育社会学事典』（日本教育社会学会編、丸善出版、2018年）には次のような記述がある。

「グローバリゼーションは、技術や経済の進歩によって人・金・物・情報が大量に国境を越えて移動していくことによる、大きな社会の変容を意味する語として使用されている。超国家的レベルでの社会システムの構造変容という視点に立つ点に特色がある」

1990年代よりグローバル（global）な視点から、持続可能な社会（Sustainable Society）をさぐる動きが出てきた。

世界がグローバル化するにしたがって、人類が持続して存続していくことが困難になることが、1960年代以降少しずつ明らかになってきた。1972年に発表されたローマ・クラブの報告書「成長の限界」はその走りであり、環境汚染、資源の枯渇、食糧不足に関連した人口増加の問題などが話題となった。

その後1990年代になると、地球温暖化という地球（globe）規模での環境問題が、化石燃料の是非や再生可能エネルギーの推進とからめて論じられ、今日に至っている。現にここ2、3年の気候の激しい変動による自然災害が発生することが、多くの市民に周知されてきた。

中学の理科の教科書を調べると「地球温暖化」の学習項目は、2012年度版にはあるが、1997年度版には出ていない。社会科（公民）の教科書には、「持続可能な社会」の詳しい解説が2012年度版にあるが、2001年度版にはそのような項目は見当たらない。

グローバリゼーションと呼ばれる社会で、我々が解決していかなくてはならない難問が山積しているが、このような状況のもとに、これから教育に何ができるかが問われている。

OECDの教育政策提言

グローバリゼーションという用語をよく目にするようになった1990年代から、OECDは教育政策への提言を活発に行ってきている。特に2000年の国際的な学力調査PISAは、多くの教育関係者に知れ渡るところとなった。

第1回の参加国は、OECD加盟国を含め32か国だったが、第7回の2018年は79か国に増えている。日本だけでなく欧米の教育界に多大な影響を与えているのが、実は経済開発のために設立された国際的な組織OECDであることを知ると、2020年以降の日本の教育政策の流れが見えてくるであろう。

OECDは持続的な発展だけを考えているのではなく、発展と環境のバランスをとりながら、人々の幸せを強く意識していることは、PISAの報告書（国立教育政策研究所編『生きるための知識と技能7』明石書店、2019年）などを読むとよくわかる。「持続

小宮山博仁

教育評論家

可能な社会」や、最近ではUNDP（国際連合開発計画）が発表したSDGs（Sustainable Development Goals）の17の目標とも関連してくる。

OECDはなぜ積極的に教育政策に対して提言するのだろうか。そのことは第1回からPISAを推進してきた責任者アンドレアス・シュライヒャー氏の次の文言でよくわかる。

「意義のあることに力を注ぐのがPISAの本質である。高精度のデータを集め、それらをより広範な社会的結果に関する情報と結びつける。そして教育者や政策立案者がより多くの情報（エビデンス…小宮山）に基づいて決定できるように、これらの情報を提供する」（アンドレアス・シュライヒャー著、鈴木寛・秋田喜代美監修『教育のワールドクラス』明石書店、2019年）

この文言からは、資源や資金が限られている中で教育投資をするなら「費用対効果」を重視すべきだ、という強い意思を読みとることができる。ここでは明言していないが、今までの教育や学力では、グローバル化している世の中で「持続可能な社会」を可能にすることが難しいと、OECDの教育研究革新センターは思っている。

従来の学力観よりさらに一歩踏み込んだ能力論も展開されている。それに従った2020年からの日本の教育改革は、記述に重点が置かれ、コミュニケーション能力が重視され、アクティブ・ラーニングを推し進めようとしている。グローバリゼーションと呼ばれる社会で求められている資質や能力を理解するには、OECDの提言を欠かすことはできない。

SDGs（エスディジーズ）とは

ここでSDGsについて簡単に触れておこうと思う。持続可能な開発目標と邦訳され、具体的には17の目標がある。

①貧困をなくそう　②飢餓をゼロに　③すべての人に健康と福祉を　④質の高い教育をみんなに　⑤ジェンダー平等を実現しよう　⑥安全な水とトイレを世界中に　⑦エネルギーをみんなにそしてクリーンに　⑧働きがいも経済成長も　⑨産業と技術革新の基盤をつくろう　⑩人や国の不平等をなくそう　⑪住み続けられるまちづくりを　⑫つくる責任つかう責任　⑬気候変動に具体的な対策を　⑭海の豊かさを守ろう　⑮陸の豊かさも守ろう　⑯平和と公正をすべての人に　⑰パートナーシップで目標を達成しよう

これらの17の目標を、私なりに大きく4つに分類してみた。

A．生きていくための「基本的な生活基盤」

B．幸せな消費・生産活動を約束すると考えられる「経済」

C．心を豊かにして安心できる生活を保障する「自然環境」

D．人権を柱とした安全な「社会制度」

Aには、①、②、③が、Bには⑧、⑨、⑫が、Cには⑥、⑦、⑬、⑭、⑮が、Dには⑤、⑩、⑪、⑯があてはまるであろう。AからDの目標を達成するには⑰のパートナーシップが必要となる。このようなことを多くの市民がコミュニティをつくり実行していくには、④の質の高い教育が求められるのは明らかである。

グローバル化した社会で求められる能力とは

OECDは2000年から３年ごとにPISAを実施し、主に読解力と数学的リテラシーと科学的リテラシーを測定しようとしている。これは「持続可能な社会」を可能にするための「能力」と捉えることができる。測定可能な「認知能力」は、社会を活性化するイノベーションを引き起こす源泉であることは言うまでもない。しかしそれを社会で活用し広めるには、人と人との交流を欠かすことはできない。一時期、人間関係という用語で、コミュニケーションや連帯感の大切さが強調されていた。最近は人間関係を円滑にするのも重要な能力の一つであると認められてきている。今まで知られていた認知能力以外の非認知能力が注目されていると言ってもよいだろう。認知能力と非認知能力の関係を図で示すと次のようなイメージになる。

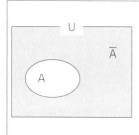

能力＝全体集合（U）認知能力＝部分集合（A）非認知能力＝補集合（Ā）
A→算数（数学）・国語、理科・社会・英語などの知識や問題解決能力、活用型学力
Ā→Aに含まれない能力、協調性、協働性、意欲、関心、計画性、継続性、社交性、自尊心など

図　認知能力と非認知能力の関係

人間が生活していくには、経済資本が潤沢なだけでは不可能であることを、我々は経験的に知っている。経済資本だけでなく、フランスの社会学者Ｐ・ブルデューが広めた文化資本と社会関係資本（人脈）が加わることが重要であることに多くの人々は気が付き始めている。文化資本は具体的に以下の三種類に分けられると言われている。

Ⅰ．身体化された文化資本…知識・教養・趣味・技能・感性などで、経験によって修得された文化及び育った環境で身に付けた立居振舞

Ⅱ．客体化された文化資本…本、絵、道具（パソコン・スマホ・オーディオ機器など）、機械

Ⅲ．制度化された文化資本…学校制度やさまざまな試験によって賦与された学歴・資格（教員免許、医師免許、調理師免許、英語検定など）

資質や能力は、人間の労働力の価値を高め、個人の生活を豊かにし、世の中の経済発展に寄与し、議会制民主主義を主とした市民社会を成立させるための基となるに違いない。グローバリゼーションと呼ばれる新しい時代にふさわしい資質や能力を身に付けるための教育が、2020年以降の改革で実施されようとしている。大学入試で国語と数学の記述式が話題になっているが、これはPISAの読解力と数学的リテラシーの影響を強く受けており、世界の教育界の流れと同じ方向であることは明らかである。参考までに読解力と数学的リテラシーの定義を最後に示しておく（※）。

これからの受験学力はどうなる

今まで1990年代からの世界の動きを、OECDのPISAをキーワードにして概観してきた。このような時代に、どのような能力や学力が求められているかは判明したが、これからの公教育でどのように実践されていくかが重要である。日本の場合、公教育に多大な影響を与える「受験学力」という存在を無視することはできない。ここでは、現在の中学受験、高校受験、大学受験の状況をお伝えしたいと思う。ここで受験学力とは「希望する学校に合格するための測定可能な学力」と定義しておく。

(1) 中学受験

中学受験は21世紀に入ってからも一定のブームを保っている。2020年以降の教育改革に公教育が対応できるかという不安をもつ富裕層が、私立の中高一

貫校を希望する動きが、ここ2、3年目立ち始めた。

また、グローバル化した社会で求められる資質や能力は「社会との接点をもつ」ことが重要視されていることは、2020年からの新学習指導要領やOECDのPISAの目的や定義を読めば明白である。

このような視点から中学入試を調べてみることにしよう。

15年程前から私立中学の入学試験は、PISAを意識した問題が出てきた。算数は答えだけでなく計算も残すことを求める学校が増えてきた。また解いていくプロセスを書かせる問題、「数字の異なった並べ方は何通りありますか。説明して答えなさい」といった記述の力を要求する学校もある。

2020年から小学校にプログラミングの授業が導入されるが、論理的思考が必要な問題が、ほとんどの私立中学校で出題されている。学習法を間違えなければ、公教育が求めている算数の能力を養成するのに、受験勉強は一役買っていると言ってもよいだろう。

理科は、算数よりもさらに説明や理由を求める問題が多くなる。科学に対する好奇心をそそる問題もある。高校入試よりも奥が深い問題も散見する。OECDのPISAが求めている能力を意識して出題している私立学校もあった。

社会科は、私立中学の特色がよく出ることを、最近の入試問題をチェックしていてよくわかった。学びのための学びではなく、社会との接点を重視している私立学校が意外と多いのに驚かされる。第1回のPISA（2000年）以降、世の中の出来事やしくみに関心をもたないと、解答しづらい問題が増えている。公立との違いを鮮明に打ち出すことによって、差別化をはかっているとも考えられるが、グローバル化した社会に適応するのが公立よりも早いからだと、捉えることもできるのではないだろうか。

実際に入試に出た私が気になったテーマ（記述式に限る）を少し書き並べてみる。

「子どもの権利条約」「上杉謙信はなぜ秋から冬にかけて関東に出兵したか」「都市鉱山とは何か」「有田焼は朝鮮半島出身者が創設者に多いのはなぜか」「キンメダイを1本釣すると高く売れるのはなぜか」

これ以外にもユニークな問題があるが、これぐらいにしておく。

進学校で名の知れた麻布や武蔵では、一定の説明文を読み、それに対する設問に答える形式で、ほとんどが記述で解答するようになっている。麻布は80字以内、120字以内という枠を設けていた。普通の大学の小論文形式の問題を解答するときと同じような能力を求めている気がしたが、私の思い過ごしだろうか。

主に算数と理科と社会を取り上げて、中学受験について調べてみた（国語も記述式の問題が多いが、拙論では割愛する）。

結論としては、学び方さえ間違わずまじめに勉強すれば、文部科学省が2020年以降求めている、そしてOECDが望んでいる資質・学力との齟齬はないと思われる。中学の「受験学力」は高校受験よりも、新しい資質や能力に適応する場面が多いとも言える。

（2）高校受験

公立の入学試験問題を調べて高校入学のための「受験学力」はどうなのかを考えてみることにしよう。

公立高校は、すべての子供を受け入れることが大原則としてある。そのため文科省の学習指導要領を意識した出題となっている。中学入試よりも問題にするテーマが型にはまっている傾向がある。しかし全国学力・学習状況調査のB問題（2018年まで）やPISAと同様な発想で作問された問題が、ここ10年増えてきた。グローバル化した社会で求められる「資質・能力」という視点で国語・数学・英語の3教科の入試問題を調べてみることにする。

①国語

国語は小説や物語の読解が減り、論説文・説明文・

解説文の読解が増えた。2000年以降この傾向は顕著になってきたと思われる。増えたテーマを書き並べると次のようになる。

プレゼンテーションに関した読解の問題（多数の県で出題）／グローバル化社会に関した条件作文（多数の県で出題）／スピーチに関した記述式問題／文化遺産の発表文の記述式問題／グラフを読みとる説明文（多数の県で出題）／論説文と条件作文の融合問題／インタビューとグラフに関した課題作文／読書をテーマとした話し合いに関した条件作文（いくつかの県で出題）／新聞に関した条件作文

学校生活や日常生活をテーマにした説明文、グラフを読みとる説明文が、20年前に比べて大変多くなっている。そのため以前よりも小説の比重が少なくなっている。PISAの影響で論説文が増え小説が少なくなり、国語の教科書の作り方が、よいか悪いかは別にして、論説・説明文が増えてくることが予想される。

②数学

大学入試では、数学の記述式の導入が注目されている。これはPISAの数学の定義を意識しているのは明らかである。数学の高校の入試問題も明らかに変化してきている。今までなら「2次方程式 $x^2-2x-1=0$ を解きなさい」が一般的であったが、プロセスや思考を重視し「この2次方程式を、解の公式を使って解く方法と平方の形にして解く方法で、解きなさい」という問題になっている。

他教科との融合問題は、以前ではほとんど考えられなかった。しかし2000年以降徐々に増えてきている。資料・統計と理科（花の開花）の問題は、数学が他の分野で役立っているのが実感できるに違いない。

式を書くだけでなく、途中の考え方を順序だてて説明する問題も、急増している。毎年出題している県も多い。一時期「数学は丸暗記せよ！」「受験は要

領？」といったタイトルの受験本が跋扈していたが、もはやそのようなテクニックが通用しない数学の問題が多くなってきている。

数学の問題を何人かの生徒が「作問」して、それをお互いに意見を述べあって、問題を解いていくという形式も出てきた。数学の教師が一番よく知っているはずだが、「問題を作る」という作業は、数学の知識だけでは不可能である。解く人（生徒）の顔を思い浮かべながら、いくつかのハードルを作っていき、さらに解くヒントがどこかに入っている文章を考えたりする。実は作問をすることによって教師のティーチングスキルは一段と向上する。生徒が作問するという作業は、これからの数学の授業に取り入れると、かなりの効果が期待できるのではないか。

生活に密着した数学のテーマを扱う問題も急激に増えてきている。通学や読書の時間をグラフに表すのは定番となっている。

③英語

英語も日常生活を中心とした、身近に感じられるテーマの問題が圧倒的に多い。絵やグラフといった視覚にうったえる問題も増えてきている。絵やイラストなどを見て答える作文は、ほとんどの県で出題されている。人と人との交流を重視した、コミュニケーションの能力を調べるための問題も多い。数学や理科や社会科の知識を利用した融合問題も、国語ほどではないが出題されている。

しかし、公立や私立の難関校の独自試験は、絵・写真・イラスト・グラフといった視覚からの情報が少ない。英文の量が相当あり、一定の英文を「速く正確に読みこなす」能力が求められている。他教科とのコラボや双方向性のやりとりのときに必要とするコミュニケーション能力を求める問題も少ない。一昔前の大学受験の英語入試問題を思い起こさせる作り方が多いという特徴がある。受ける学校で求める「英語の力」がだいぶ違うことが推測できる。公立の英語は文科省やOECDが考えている能力を調べ

●Profile

こみやま・ひろひと　1949年生まれ。教育評論家。日本教育社会学会会員、放送大学非常勤講師。47年前に塾を設立。学習参考書を多数執筆。最近は活用型学力やPISAなど学力に関した教員向け、保護者向けの著書、論文を執筆。著書・監修書に『塾－学校スリム化時代を前に』（岩波書店）、『面白いほどよくわかる数学』（日本文芸社）、『子どもの「底力」が育つ塾選び』（平凡社新書）、『新聞コラム活用術』（ぎょうせい）、『「活用型学力」を育てる本』（ぎょうせい）、『はじめてのアクティブラーニング　社会の？〈はてな〉を探検』全3巻（童心社）、『眠れなくなるほど面白い　図解　数と数式の話』（日本文芸社）、『眠れなくなるほど面白い　図解　数学の定理』（日本文芸社）、『眠れなくなるほど面白い　図解　統計学の話』（日本文芸社）、『大人に役立つ算数』（角川ソフィア文庫）、『持続可能な社会を考えるための66冊』（明石書店）など。

ようと努力しているように思えた。

　高校入試の場合も、公立・私立ともに良問が多い。これらの問題を解く方法を、塾で教わったり、自力で考えたりする努力をしているのが受験生である。この前提に立てば、入試のための勉強と言われて身に付く「受験学力」は、文科省やOECDが考えている人間の「資質・能力」を身に付ける方法の一つであることは明らかであろう。

　以上のことを考えると、今までのような暗記中心の、そしてパターン学習による「習うより慣れろ」中心の勉強だけでは、受験を突破できない時代になってきていることがわかる。このような動きに敏感な塾は他塾との差別化で、結果的に進学実績を伸ばすことが可能となる。

　このような視点から「受験学力」を検討すると、文科省が意図している「資質・能力」に一定の影響を与えること、そしてこれからも授業の方法を少しずつ変えていく塾が増えることが予想できる。ここで注意していただきたいのは、一定の知識がないと、アクティブ・ラーニングや教科横断的な学びは成立しないだけでなく、文科省が考えている「資質・能力」と関連する問題解決能力などを伸ばすことはできない。一定の知識を修得するための塾の役割が無くなるわけではないことは確かであろう。

　これまで中学と高校の入試問題について述べてきたが、入試問題を解くための「受験学力」は、一定の「資質・能力」を養ったり保ったりするのに、これからも重要な役割を担うことは間違いないだろう。「役割を担う」ということは、一定の社会的な「義務を負う」ということになる。このことを民間教育関係者は忘れてはならないと思う。

(3) 大学入試を考える

　大学入試は2020年から大幅に変わる予定であった。しかし、大学入学共通テストの英語の4技能検定と国語・数学の記述式の問題の導入は、頓挫した。

ここではOECDの教育政策の提言と同じ方向である、国語と数学の記述式の問題を簡潔に考えてみたいと思う。

　今までのマークシート方式のセンター試験だけでは、グローバル化した社会に対応できる能力を測定することは不可能である。このことは多くの教育関係者の共通認識である。この観点から現在の大学入試を概観すると、多くの国立大学にはセンター試験と大学別の2次試験がある。国公立大学では2次試験で記述の問題を出題するところが多い。高校入試の記述はせいぜい100文字であったが、大学の場合は一つの設問あたり400字を超えることが多い。英語の記述は100字を要求している。国語・社会科系も100字から200字で解答する設問が多い。一方、数学の記述は難しいようで、目立った動きはない。しかし大学入試が変わると高校の授業も変わるので、当然受験学力の勉強方法も変化が生じるであろう。

※PISAの読解力と数学的リテラシーの定義

①読解力…自らの目標を達成し、自らの知識と可能性を発展させ、社会に参加するために、テキストを理解し、利用し、評価し、熟考し、これに取りくむこと。
②数学的リテラシー…様々な文脈の中で数学的に定式化し、数学を活用し、解釈する個人の能力のことである。それには、数学的に推論することや、数学的な概念・手順・事実・ツールを使って事象を記述し、予測することを含む。この能力は、個人が現実世界において数学が果たす役割を認識したり、建設的で積極的、思慮深い市民に求められる、十分な根拠に基づく判断や意思決定をしたりする助けとなるものである。

[参考文献]
• 小宮山博仁著『持続可能な社会を考えるための66冊』明石書店、2020年
• アンドレアス・シュライヒャー著、鈴木 寛・秋田喜代美監修『教育のワールドクラス』明石書店、2019年
• 国立教育政策研究所編『生きるための知識と技能7』明石書店、2019年

ONE THEME FORUM
ワンテーマ・フォーラム

現場で考えるこれからの教育

■今月のテーマ■

私にとっての通知表づくり

年が明け、間もなく学期末。1年の振り返りの時期がやってきます。

終業式でひとりずつもらう通知表は、子供や保護者のその学期・その1年の頑張りのあかしといえ、

評定や所見欄をめぐる家庭での悲喜こもごもは、今も昔も変わりません。

いっぽう教師にとっての通知表も、自身の授業や指導を振り返ったり、子供や保護者と学習や生活の状況

を共有したりする大切な機会。多くの教師が悩み苦労して書き上げ、手渡すのではないでしょうか。

評価方法や様式の変化、アナログからデジタルへ。通知表をめぐる不易と流行とは――。

今月は、教師にとっての通知表づくりについて、これまでの苦労や喜びとともに語ってもらいました。

■ご登壇者■

福岡県宗像市立河東西小学校主幹教諭	山﨑　邦彦	先生
福岡県水巻町立伊左座小学校教諭	永田　大修	先生
福岡県嘉麻市立嘉穂中学校教諭	山本　克代	先生
福岡県糸島市立二丈中学校教諭	森　沙織	先生
福岡教育大学教職大学院教授	脇田　哲郎	先生

学級経営における通知表の役割

福岡県宗像市立河東西小学校主幹教諭　**山﨑邦彦**

　私が若年のころ、学習評価や生活の記録欄には○印を押印して通知表を作成するのが当たり前だった。さらに、学習や生活の様子を各家庭に伝える通信欄〈所見〉はもちろん手書きである。昨今デジタル化が進み、手作業が多かった時代と比較すると完成までの時間は随分短縮されたように思う。しかし、苦労話も交えながらアナログ時代の通知表について記述していきたい。

通知表作成の心構え

　通知表作成は、教育活動の一端を各家庭に知らせる絶好の機会である。特に私は、通信欄〈所見〉の文字には細心の注意を払っていた。つまり通知表を受け取った児童や保護者等に失礼のないよう、いつにも増して丁寧な文字を書くよう心掛けていたということである。そのために、通知表作成の時期が近付くと自分の指に馴染むボールペンを探しに文房具店を何軒も渡り歩いたものである。

　しかし、下書きはうまくいくが緊張のあまり清書では何度も失敗を繰り返した。その都度「電動砂消しゴム」の世話になったものである。最近は公簿も電子化が進み電動の消しゴムを使う職員も見かけなくなった。「指に馴染むボールペン」と「電動砂消しゴム」。二点セットで私は通知表作成の心構えをつくったものである。

ナイスキャッチとナイストライ

　私たちは子供の「作品の出来栄え」や「テストの点数」など、活動の結果〈ナイスキャッチ〉に目を向けがちである。しかし本当に見つめるべきは、果敢に挑戦した子供たちの姿〈ナイストライ〉ではないか。子供たちは、成長や理解度、考え方等、多種多様である。例えば「計算に時間はかかるが、立式に至る道筋を図や絵で表現することができる」等、私はその子ならではの努力の過程を積極的に評価することを常に心掛けていた。「個に応じた指導」と同時に教師は「個を生かすための評価」を行う必要があると考える。

長期休業

　通知表を作成することで、子供たちの課題も明らかになる。例えば「◇◇さんは係活動を熱心に行ったから、2学期は算数の文章問題の苦手意識を克服させよう」など、夏季休業中は、子供たちに身に付けさせたい資質・能力等を整理し、指導の方向性を明らかにする時間を大切にした。つまり子供の成長を想定し、通知表の通信欄〈所見〉をある程度作成していたということである。同様に冬期休業中は3学期の通知表について考える貴重な時間とした。

おわりに

　十数年前に担任していた学級の最後の学級会は「議題：同窓会のプログラムを決めよう」であった。「2020年に会いましょう！」を合言葉に再会を誓い子供たちは進級した。タイムカプセルも作成し、その中には密かに当時の「通知表の写し」を保管している。

　間もなく、成人した教え子たちが十数年前の自分の通知表を手にする。当時を思い浮かべ童心に帰る教え子たちの姿が待ち遠しい。

子供が自分のよさに気付き、やる気になる通知表づくり

福岡県水巻町立伊左座小学校教諭　永田大修

「通知表をもらったときに、どの子も自分のよさを実感し、次のやる気につながるようにしたい！」

私は、このような思いで通知表をつくっている。そして、子供たちが通知表を持ち帰ったとき、保護者の方にも、学校での子供たちの成長が伝わってほしいと思っている。しかし、一人一人のがんばりや成長を十分に見取ることができていなかったために、通知表を作ろうとしたときに、随分苦労したこともある。

そこで、今回は、「子供が自分のよさに気付き、やる気になる通知表」にするために、特に心がけていることを二点紹介したい。

一点目は、子供や保護者の思いを聞いておき、その思いをもとに、子供の変容について記述することだ。子供たちは、学年や学期の初めには、「○○ができるようになりたい！　がんばりたい！」という前向きな思いをもっている。また、保護者の方も「こんな子になってほしい！」という思いをもっている。その思いを学年や学期の初め、家庭訪問や懇談会の折に把握しておく。そして、指導していく中で見られた変容について、通知表に反映するように心がけている。通知表を見たとき、初めに考えていた思いが成長として感じられると、子供たちの自信にもつながり、子供も保護者も嬉しいものである。

二点目は、所見欄には、子供の課題ではなく、がんばった過程や成長、よさを記述することだ。子供は、自分のよさや成長を実感したとき、これからも頑張っていこうと前向きな気持ちになれるはずだ。課題がある子供でも、その子がどのようにがんばり、伸びてきたのかを評価するように心がけている。

私は、以上のようなことを心がけながら通知表を作成している。ここで、通知表に関するあるエピソードを紹介したい。私が数年前に担任したA児は、自己肯定感が低かった。学習面についての課題も多く、友達との人間関係においても、攻撃的な言動によってトラブルが多かったからだ。しかし、年度当初には、「もっと友達と仲良くなりたい」「6年生だから1年生のお世話をがんばりたい」という思いをもっていた。そこで、その子を見守り、時には助言・賞賛をしながら、なりたい自分に近付けるように指導していった。そして、通知表には、学級活動で、友達と仲良くなるために学級集会を提案し、様々なアイディアを出しながら活動していたことや、一年生に優しく声をかけ、関わっていたことなど、A児のがんばりや成長について記述した。その後、通知表を見た保護者からは、「Aが笑顔で通知表を見せてくれました。我が子にもこんな一面があることが分かって、嬉しかったです」という言葉をもらった。さらに、新学期になっても、A児は、前学期でのがんばりを自信にして、前向きに頑張っていくようになった。

この経験から、私は、「通知表には、子供が自分のよさに気付き、やる気になれる役割がある！」と改めて感じた。これからも、子供たち一人一人と向き合い、そのような通知表づくりを実践していきたい。

「のびる子」の言葉とその役割について

福岡県嘉麻市立嘉穂中学校教諭 山本克代

「なかよく、にこにこ、はきはき、どんどん」

私が小学生のときの通知表「のびる子」のタイトルの下には、これらの四つの言葉が書かれていた。この言葉はそもそもどこからきたのだろうか？ 校舎の壁に掲げられ、6年間毎日目にすることができたこれらの言葉は、多くの子供たちの人格形成に何らかの影響を与えたことは確かである。

その答えは福津市の神興東小学校にあった。校舎の一室に安部清美先生にまつわる資料が展示されている。そこにあったのは「なかよく」「にこにこと」「げんきよく」の先生の文字だった。安部先生の教育は「土の教育」「愛の教育」と呼ばれている。「一人の子を粗末にする時、教育はその光を失う」と。

さて、通信簿、のびる子、通知表など、呼び名は時代とともに変遷したが、学期末になると、我々はその作成のために一人一人の子供について振り返る。つまり、教育の光が一人一人に当たっているかを確認する。光の当て方は、様々な先生方の子供を見る視点、教育観に左右されるのは否めない。かつては数字のゴム印を押しながら、その数字の裏側にある子供の姿を隣の先生と語る余裕があった。時間はかかっても、そこに生徒像を思い浮かべることができた。一方で、最近は働き方改革や教師の過重負担軽減のため、データ処理は時間的には速くなった。それぞれの担任に任される時間が短くなった分、点検の関門がいくつもできた。学年で目を通し、教科担任、教務主任、管理職と多くの関門をくぐり抜けて、

通知表は子供や保護者の手に届く。

特に所見欄においては、学級担任の見方や考え方によりその評価も影響を受ける。そこで、毎年新しい先生方が採用されている現実を踏まえ、本校では、この通知表の作業に取りかかる前に、教務から次の4点が共通理解、共通実践として提案されている。①生徒が励みに思い、自信をもつような書きぶりにする。②本人自身が頑張っていると思うことを、具体的な事例や場面を挙げて褒め、生徒と保護者が、「先生が見ている」ことを実感させるようにする。③その上で、ここを直せばもっとよくなるということを書いてあげるようにする。④文の末尾は、生徒向けの「〜しましょうね」ではなく「〜期待します」「〜望みます」のように生徒と保護者を対象にした末尾にする。さらに、読んでみて誰の所見なのか分かるようにするために、具体的にできるようになったことを書くことが添えられている。

本年度、文部科学省により通知された、「小学校、中学校、高等学校及び特別支援学校等における児童生徒の学習評価及び指導要録の改善等について」では、所見欄を箇条書きにすることが示されている。早速高校入試の調査書にも取り入れられるため、評価に関する研修の必要性を感じている。

通知表の思い出

福岡県糸島市立二丈中学校教諭 **森　沙織**

　終業式後、生徒たちが一番楽しみでドキドキしている瞬間が通知表をもらう時間です。担任をしていたころは、一人ずつ通知表を見ながら「数学がんばったね」「合唱コンクールではパートリーダーとしてよく引っ張ってくれたね」と生徒のがんばりに寄り添い、「来学期は英語にしっかり取り組もう」「冬休みは単語の練習をさらにがんばれると良いね」などと次の学期への助言をし、手渡していたことを思い出します。

　通知表は生徒にとって各学期のがんばりを教師がどのように評価してくれたのかを知るものであり、保護者にとっても子供がどのように学校で過ごしているのか、学習内容はわかっているのかを知る大切なものです。教師にとって通知表を作成する過程は大変ですが、担任している生徒の学習面や学校生活面を一人一人振り返ることができる大切な時間でもあります。私の場合は、次の学期に向けて「この子が活躍できる場面をもっと作ろう」と自分の学級づくりを振り返ったり、評定に変化が見られる生徒がいれば教科担当に授業の様子を尋ねるなど、その生徒の学習に関する課題が次につながるような内容を探したりしていました。

　しかし、若いころは通知表の総合所見の内容に悩み、校内で誰に向けて書いているのか分からないと指摘されました。また自分の教科の評定についてもその妥当性について根拠を問われたこともあります。問われたことに答えられないときもあり、突き返された通知表と向き合うということを繰り返しながら

作成していました。その中で私の通知表作成の基本となっていることは、初任者研修で当時の教頭先生から通知表の書き方や公簿の取扱いについて学んだことです。特に評定の部分では、5段階評価した数値の根拠を説明できるようにしておかなければならないこと、そのためには補助簿を活用し、日々の授業について生徒の学びの記録や様子を見取っておくことが大切だと言われました。また総合所見では、その生徒のよさに着目して、よかったこと、がんばっていることを書くこと、保護者が読んで我が子を見てくれているというような記述にすること、どうしても伝えたい課題がある場合には、「○○な面（課題）はありますが、こういう面でのすばらしさがあります」というように褒めてまとめることや「〜できるように支援していきます」というように肯定的な助言となるように記述することも学びました。この学びを機に生徒の言動を観察し、よいところを探し、毎日記録することを始めました。

　ある年、「英語のノートがとても丁寧でみんなのお手本となっています」と総合所見に記した生徒の保護者から「英語のノートについて褒められ、英語が好きになったようです」と返信がありました。英語は得意という生徒ではありませんでしたが、とても見やすく丁寧な字でまとめる生徒でした。このノートのよさを学級に紹介した後、通知表の所見にも記述しました。教師がその生徒のよさを認め、褒めることで生徒の学ぶ意欲につながることを実感した出来事でした。

子供たちに希望と勇気を与える通知表

福岡教育大学教職大学院教授　**脇田哲郎**

　現在、エジプト国では、エジプトのカリキュラム開発センターとJICAが連携して、特別活動（TOKKATSU）に焦点を当てた包括的な教育モデルの開発を目指して、40校のエジプト日本式学校（EJS）を開校している。今後、エジプト全土の公立の初等教育学校で日本式モデルを適用する方向で検討がなされている。そのことを説明するために作成された「特活導入ガイドライン」には、次のような記述が見られる。

> 　教育省の専門家は、学校が教育活動を通じて児童が才能や能力に関わらず学ぶ楽しさを実感でき児童の幸福と自尊心が保証され、児童が互いに励まし合う環境となり、現在の「試験」中心の教育から、21世紀を生きる子供たちが必要とする有意義なスキルを獲得できるような教育の構築を目指している。（「特活導入ガイドライン」第2版、2018 Introductionより）

　つまり、エジプトの子供たちの教育は、1年間の学びを「試験」によって評価しているのである。試験の成績が良い子供たちは次の学年に進級し、成績が思わしくない子供たちはそのまま現在の学年に止まってしまい、中には、学校に行くのを諦めてしまう子供もいる。

　どんなに、1年の間にその子が努力したことがあっても、その子らしい発見があったとしても、子供一人一人の学びのプロセスは何も評価されずに、学年末の「試験」で全てが決まってしまうのである。

　今、エジプトはこのような教育を見直すことによっ

て、「学習スピードが速い児童も遅い児童も、また様々なことなる才能を持った児童も、全ての児童が等しく意欲を高められる」（ガイドラインから抜粋）教育へと転換を図っているのである。

　通知表がこのような結果だけを重視した評価を記すものであったらどうであろう。逆上がりができるようになりたいと手に豆を作りながら休み時間もずっと練習を続けた子供の努力は、「逆上がりの試験」の日にできなかったらそれで終わりである。こんな通知表をもらっても、子供たちには来学期頑張ろうという希望や勇気も湧いてこない。しかしながら、学期末になったら鉄棒の前で児童に演技させながら記録している教師や、リコーダーを吹かせながら記録している教師、業者が作成した市販のテストを何枚もさせている教師の姿を見ることもあった。これらの教師は、「試験」のみの結果で子供を評価してきたエジプトの教師と同じである。

　指導と評価の一体化は、児童の学習状況から教師自身の指導のあり方を見直すことであり、絶対評価は、その子の学びのプロセスを詳細に観察し「できるようになったこと」や「できつつあること」、「その子が努力していること」、「成長したこと」などを子供や保護者に丁寧に伝える評価のことである。そのような評価ができる教師は、子供や保護者に対して謙虚であり、決して、評価する者と評価される者といった関係で見ていない。通知表の季節になるといつもこのようなことを考えてきた。

見方・考え方の成長と校種間関連

島根県立大学教授
高知県教育委員会事務局学力向上総括専門官
齊藤一弥

■summary■
校種を越えて学び続けている子供に対応するために校種間の関連を意識した単元を描くことが大切である。子供が身に付けてきた見方・考え方を働かせながら学びをつなげていくための単元デザインへの転換が期待されている。

子供を主体に据えた校種間連携をイメージする

　子供は小学校での学びを活かしながら、中学校での豊かな学びを実現する。このような学びを実現するためには、双方の学習指導要領の主旨理解を徹底し、校種間の接続をいかに捉えたらよいのかを確認し、それを授業の具体につないでいくことが求められる。

　中学校1年数学の「図形の移動」の指導は、小学校算数の「対称な形」の内容と関わりとを意識した指導によって子供の学びの連続を可能にする。小学校6年での「対称な形」の学習を受けて、中学校1年では図形の移動を通して図形間の対称性を考察することになるが、対称移動と線対称、回転移動と点対称との両者のつながりはもちろんのこと、小学校低学年の図形指導との関連も意識しながら指導を連続させていくことが重要である。

　具体的な場面で考えてみる。点対称な形の作図では、対称形の半分（灰色部分）を示して残りの半分（白色部分）を対称性を活用して作図するが（図1参照）、対称の中心の位置を変えても形を描くことができる（図2参照）。対称の中心を図形の外側に移動させることで、点対称の図形の作図と

図1　小6　点対称な図形

図形の回転移動との間に関連が見えてくるが、それぞれの校種ごとで別々に指導されているため、子供はそれらを独立したものと捉えて、関連付けることはなかなか難しい。小学校で学んだことを統合的・発展的に捉えて問題解決に活かすには格好の場面のはずである。条件を変えた場面で、それまでに鍛えて

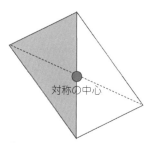

図2　中1　図形の回転移動

きた見方・考え方を働かせて課題解決することは大切であり、それによって子供が主体的に学習に取り組むようになるチャンスを見逃している。

　このことを解決するためには、先を見越した単元づくりが必要であり、小学校の単元づくりにはその先の中学校を意識して学びを開いておくこと、中学校の単元づくりではそれまでの小学校での学びをきっかけにつなぎを丁寧に組み立てることが欠かせない。つまり、これまで以上に双方の学習の関連を意識していかに単元を描くかが鍵になる。

見方・考え方の成長からみる校種間関連の在り方

高知市立三里中学校で行われた数学科の授業研

究では、生徒の見方・考え方の成長を踏まえた単元づくりが話題になった。授業は中学校１年の平面図形の学習で垂直二等分線の作図の仕方を学ぶ場面である。それまでの指導では、作図の手続

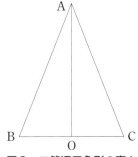

図３　二等辺三角形の高さ

きを確認して、それを用いて適用問題を解決するという流れであったが、子供が見方・考え方を働かせて作図方法を考えていくために、「二等辺三角形の高さを決める」（図３参照）という課題を用意した。三角定規や分度器などを用いずに、点Ａから底辺ＢＣと点Ｏで垂直に交わる直線ＡＯをどのように引いたらよいかというものである。

　学習指導要領解説には、小学校までに学習してきた「等辺・等長」「対称性」といった概念を活かしながら作図を行うことが示されている（右抜粋参照）。つまり、図形の等辺や対称性に関心をもちなが

ら、これまでの基本図形の性質や関係を活かして作図に取り組むことが期待されている。この前提を踏まえながら学びを描くためには、単元を通してどのような見方・考え方を働かせればよいのかが問われていることになる。

　授業では、二等辺三角形の高さとなる点Ａから底辺ＢＣへの垂線を引くために、まず初めに点Ｂと点Ｃから等長の点Ｄを決めた。次に、点Ａ、点Ｂ、点Ｃ、点Ｄを結んで四辺相等のひし形を作る。さらに点Ａと点Ｄを結んで、底辺ＢＣとの交点ま

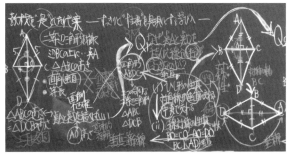

図４　高知市立三里中学校での授業研究会での筆者の指導板書（一部）

でを高さとした。

　この一連の作図の過程において、子供にはどのような見方・考え方を働かせることが期待されているのであろうか。授業後の研究会では、小学校の算数科での学びとの関連に関心が集まった。４年の内容の「ひし形の性質（四辺相等、対角線が直交し二等分される）」や６年の内容の「線対称の性質（対応する点を結ぶ線分は対称の軸と垂直に交わり二等分される）」、さらには直近の中学１年の内容の「対称移動の性質」など、いずれも「対称性」に関わる内容が作図を支えているということである。これらが「直線ＡＯが二等辺三角形ＡＢＣの高さ」になっていることの根拠であり、それを子供自らが解決に向けて用いていくことが必要となるわけである（図４参照）。

　授業研究会に参加していた教師の多くは、図形の性質は覚えることがゴールではなく、それを活用して問題解決していくことに価値があることを再認識するとともに、校種を越えたそれまでの学びの連続性を再確認すること、さらには見方・考え方の成長との関連を意識した単元を描くことの必要性などを実感することになった。

Profile

さいとう・かずや　横浜国立大学大学院修了。横浜市教育委員会首席指導主事、指導部指導主事室長、横浜市立小学校長を経て、29年度より高知県教育委員会事務局学力向上総括専門官、30年10月より現職。文部科学省中央教育審議会教育課程部会算数・数学ワーキンググループ委員。近著に『新教育課程を活かす能力ベイスの授業づくり』。

オーセンティック評価（パフォーマンス評価）

● POINT ●

パフォーマンス評価は実際的な場面設定により近いリアルで本質的な学習課題による評価であるが、まずは知識やスキルを使いこなすことを求める評価方法のすべてと捉えること。その上で、オーセンティック評価として、人文科学的、社会科学的、自然科学的、身体科学的、芸術的なwork（作品等）やその制作過程を、実際の運用場面により近い設定をして評価してみよう。

●今次の報告や答申等におけるパフォーマンス評価

パフォーマンス評価は、中央教育審議会教育課程部会「児童生徒の学習評価の在り方について（報告）」（平成31年1月21日）では、中央教育審議会「幼稚園、小学校、中学校及び特別支援学校の学習指導要領等の改善及び必要な方策等について（答申）」（平成28年12月）を引いた形で、「3.学習評価の基本的な枠組みと改善の方向性、（2）観点別学習状況の評価の改善について」において、以下のように示されている。すなわち、「『答申では、（中略）、論述やレポートの作成、発表、グループでの話合い、作品の制作等といった多様な活動に取り組ませるパフォーマンス評価などを取り入れ、ペーパーテストの結果にとどまらない、多面的・多角的な評価を行っていくことが必要である』とされている」と。

ただし、報告の本文にはパフォーマンス評価というタームはなく、「③『思考・判断・表現』の評価について」では、「具体的な評価方法としては、ペーパーテストのみならず、論述やレポートの作成、発表、グループでの話合い、作品の制作や表現等の多様な活動に取り入れたり、それらを集めたポートフォリオを活用したりするなど評価方法を工夫することが考えられる」と記されている。また、前回2008年の文部科学省「学習指導要領

解説　総合的な学習の時間編」では「一定の課題の中で身に付けた力を用いて活動することによるパフォーマンス評価」と示されていたが、今次2018年の文部科学省「学習指導要領（平成29年告示）解説　総合的な学習の時間編」（小はp.121、中はp.123）では記されていないのである。

●実効性のある「学校における働き方改革」に資する評価を

確かに、児童生徒の学習状況の質を評価したり、資質・能力の三つの柱をバランスよく評価したりするためには、「指導と評価の一体化」を図る中で具体的に児童生徒は何ができるのかを明らかにする記述や作品、実技等による評価が必要である。一般に、パフォーマンス評価とは、実際的な場面設定により近いリアルで本質的な学習課題による評価をすることをいっている[1]。ただ、現在的なパフォーマンスに関わる評価は、知識やスキルを使いこなす（活用・応用・統合する）ことを求めるような評価、そのすべてとしてよいであろう。

すなわち、様々な学習活動の部分的な評価や実技の評価をするという単純なものから、レポートの作成や口頭発表等々により評価するという複雑なものまでを含んでいるとする評価の解釈が肝要といえる。なぜなら、実際の学校現場において実効性のある評価とするためには、あまりに狭く研究的で深い学術的な解釈のみに限定された評価の

関西学院大学教授　**佐藤　真**

さとう・しん　1962年、秋田県生まれ。東北大学大学院博士後期課程単位取得退学。兵庫教育
大学大学院教授、放送大学大学院客員教授などを経て、現職。中央教育審議会専門委員、中央教
育審議会「児童生徒の学習評価に関するワーキンググループ」委員、文部科学省「学習指導要領
等の改善に係る検討に必要な専門的作業等」協力者、文部科学省「教育研究開発企画評価会議」
委員、文部科学省「道徳教育に係る学習評価の在り方に関する専門家会議」委員、国立教育政策
研究所「総合的な学習の時間における評価方法等の工夫改善に関する調査研究」協力者、独立行
政法人大学入試センター「全国大学入学者選抜研究連絡協議会企画委員会」委員などを務める。

方法だけでは、多忙な学校における広範で多様な実践のすべてを行いながら、このような評価を行うことは教師や学校が疲弊することが懸念されるからである。かつての到達度評価や目標分析、また評価規準の作成などの取組も、危惧されたように継続されずに「評価疲れ」と呼称されるような状況に陥った学校も見受けられたのである。

さらに、中央教育審議会「新しい時代の教育に向けた持続可能な学校指導・運営体制の構築のための学校における働き方改革に関する総合的な方策について（答申）」（平成31年1月25日）が示されている。この「学校における働き方改革」による教師の負担軽減は、焦眉の急といえるものである[2]。

●オーセンティック評価として実施する

近年、オーセンティック（真正）な学習（Authentic Learning）という、本物の文脈・状況での学びに主体的・探究的（問題解決的）に取り組むことによって、既習を系統的に生かしつつ児童生徒一人一人の知識・経験を発揮することで、より深い意味理解に到達し学びの価値を実感する学びが言われて久しい。したがって、今後の評価は、オーセンティック評価として、当該の知識や技能の活用を図るリアルで本質的な課題に対して、人文科学的な記録・レポート・解説文・論文等、社会科学的なアンケート・参与観察等、自然科学的な観察記録・実験記録・測定記録等、身体科学的なダンス・演劇等、芸術的な絵画・演奏・彫刻等、これらにより実際の運用場面により近い設定によって

評価を具体的に実施するということが必要であろう。また、探究（プロジェクト）を通じて論説文やレポート、展示物といった完成作品（プロダクト）と、スピーチやプレゼンテーション、協同での問題解決、実験といった実演（プロセス）との双方による評価もあってよいであろう（なお、このような評価を正当に実施するには、ルーブリック（rubric：評価指標）も必要であるが、これについては次回の本欄で詳述したい）。

また、オーセンティック評価を十全に実施するためには、学習そのものがオーセンティックであること、さらには、単元等のカリキュラムの全体がオーセンティック評価を実施するに値する目標や内容であることなども射程に入れて、授業やカリキュラムをも評価の対象とすることも重要である[3]。

[注]

1　佐藤真「課題研究Ⅲ　パフォーマンス評価の理論的根拠と実践的可能性」『カリキュラム研究』（第24号）日本カリキュラム学会、2015年、p.57。

2　佐藤真「第6章　教師の負担軽減と評価活動の工夫」田中耕治『シリーズ学びを変える新しい学習評価』（第1巻）『資質・能力の育成と新しい学習評価』ぎょうせい、2019年、pp.76-87。

3　佐藤真「『子どもの学びの促進』に結びつく教育評価の在り方—学習評価・授業評価・カリキュラム評価の連関性—」文部科学省編『初等教育資料』（8月号）東洋館出版社、2003年、pp.74-77。

令和元年秋の収穫
～全国各地で新学習指導要領が目指す授業が躍動～

● ラグビーに学ぶ「ONE TEAM」としての学校集団に

　ラグビーワールドカップで沸いた令和元年も残すところあとわずかとなった。流行語大賞は「ONE TEAM」に輝いた。「ジャッカル」（タックルで倒れた選手からボールを奪う）も Top10 入りを果たした。「ONE TEAM」は前号の連載の中で筆者も用いたが、各校のカリキュラム・マネジメントは校長をヘッドコーチとする教職員集団がまさに「ONE TEAM」となって実現していくものである。日本ラグビーチームから学校教育に活かせるものは数多い。

　開催前からワールドカップへの興味・関心を引き出したのは、大会直前に放映された「日曜劇場　ノーサイド・ゲーム」（TBS系列）である。筆者はドラマを2回と2話視聴し、小説『ノーサイド・ゲーム』（池井戸潤、ダイヤモンド社、2019年）も2回読み込んだ。ドラマでは元日本代表主将の廣瀬俊朗をはじめラグビー経験者が大半を占め、練習や試合シーンは迫力のあるものだった。ドラマだか

らできる近距離からの撮影映像を用いて、主にラグビー素人の新任GMへの解説という設定で、複雑な得点形式や「ラックとモールの違い」「ジャッカル」「オフロードパス」などを実に分かりやすく説明している。

　筆者は、ドラマ・小説の主役であったトキワ自動車「アストロズ」の躍進を大阪教育大学の田村知子教授のカリマネ・モデルで分析している[1]。君嶋隼人GM（大泉洋）と柴門琢磨監督（大谷亮平）の2名のリーダーの強い信頼関係によりチームを変貌させていく。二人が語る言葉は、あるときは闘争心を鼓舞し、あるときは冷静さを取り戻させる。現状分析を通し次

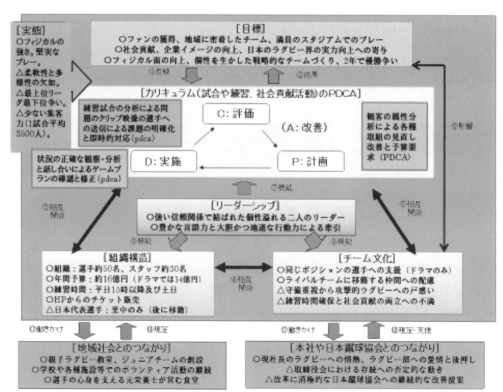

図　「アストロズ」の躍進を分析したカリマネ・モデル（田村知子氏作成）

村川雅弘
甲南女子大学教授

の目標を掲げる。一つは社会貢献、企業イメージの向上、日本のラグビー界への寄与である。一つは強みであるフィジカル面の向上、そして個性を生かした戦略的なチームづくりである。練習試合を記録・分析し、結果を各選手に発信し、翌日にその改善を図るというPDCAサイクルが回る。試合中においても状況を正確に観察・分析し、各自が考え、話し合い、ゲームプランの確認と修正を行う。日常的に「主体的・対話的で深い学び」が実現している成果である。これらが実を結び、ファンの拡大につながり、その声援が選手一人一人を鼓舞し、チーム力を引き出し、勝利に貢献する。新学習指導要領が目指すカリキュラム・マネジメントにつながることが多々ある。次は、「日本ラグビーチーム」の躍進をカリキュラム・マネジメントの考え方で分析する予定である。

● 中学校における教材の創意工夫と学びの基盤づくり

実りの秋を迎えるころ、ラグビーに負けないくらい熱のこもったプレーが全国各地の学校現場で展開された。授業や研修等の合間を縫って小・中・高と合わせて十数校を訪問することができた。どの学校も新学習指導要領を見据え、「育成を目指す資質・能力」「主体的・対話的で深い学び」「社会に開かれた教育課程」、そして「カリキュラム・マネジメント」を意識した実践を展開していた。兵庫県淡路市立志筑小は本誌Vol.9、石川県珠洲市立直小は本誌Vol.8で紹介しているので割愛する。

ここ数年で強く感じるのは中学校と高等学校の台頭である。資質・能力を育むための「主体的・対話的で深い学び」による授業改善、身近な地域との連携を重視した「総合的な学習／探究の時間」の充実を図っている。今秋も広島県立賀茂高等学校や徳島

県立富岡東中学校・高等学校、福岡市立高宮中学校において見るべきものが多々あった。

富岡東中高においては中学1年生から高校2年生までが学校中を会場にして学習成果を発表していた。体育館全体を使ってポスターセッションを行っている中学校2年生と高校2年生の様子は圧巻であった。

高宮中（小原隆夫校長）の取組は『リーダーズライブラリ』Vol.11で紹介しているが、「高宮アクティブシート」を活用した授業はさらに磨きがかかっていた。各教科の指導案には「学びが深まった状態・姿」「学ぶ楽しさを育むための手立て」「対話的な学習活動の工夫点」が具体的に示され、当日の22の授業のいずれもが様々な創意・工夫を凝らしていた。生徒の興味・関心、学習意欲を引き出すとともに各教科の学びを実社会に繋げるものとして、「京都と福岡のコンビニ比較」（2年社会）や「自転車の盗難保険」（2年数学）、「社説の比較分析」（3年国語）、「大根おろしとパイナップルの消化酵素の比較」（2年理科）等々、教材工夫のオンパレードであった。

高宮中では「シェアリングのルール」としての話す・聞くルールや10の学習規律（「身構え」「物構え」「心構え」）が設定され共有化されている。

写真1は3年英語の教室である。黒板の左側に単元目標、本時目標、宿題、今後の予定、評価規準等が掲示されている。全ての学級において主体的・対話的な学

写真1

習が展開されていたが、そのための地道な手立てがこのように施されている。教材の工夫は一見派手に見えるが、その工夫した教材が主体的・対話的な学びを通して、生徒一人一人の中に「深い学び」を実現するためには、このような地道な取組が基盤となっている。

働くことを考える

小学校と中学校で「働くこと」を考える授業を複数参観する機会を得た。

広島県福山市立城北中学校（岡野英俊校長）は『新教育課程ライブラリⅡ』のVol.10とVol.12に登場している。また、『学力向上・授業改善・学校改革　カリマネ100の処方』（教育開発研究所）にも「教科のカリマネ」の先進校として掲載されている。

今回は2年総合「働くことについて考えを深めよう〜議論を通して〜」（冨田千春教諭）を紹介する。4月から9月（58時間）にかけては職場体験を中心に展開してきた。総合的な学習の時間の2本柱の「地域理解・社会貢献」に位置付けている。職場体験を通して社会と企業との関わりを調査し、自分たちにできる社会貢献を考える。10月以降（12時間）はもう一つの柱である「自己探究」に位置付いている。様々な視点からの議論や調査を通して「働くこと」について、自己の考えを深める。

写真2は当日の授業の1コマである。各自が体験したり調査してきたりしたことを踏まえ

写真2

て、「自分たちが働くころの未来において各職業はどうなっているか」を予想させ、結果を比べて発表させていた。特にAIの発達による仕事の変化が懸念されているが、このような学習は必要だ。特に、職場体験の中で出会った人の姿や思いからAIには真似できない「人としての生き方」や「かけがえのないよさ」を意見に反映されることが望ましい。

岡山県真庭市立遷喬小学校（金田司校長）も毎年1回訪問している。生活科も総合的な学習の時間での子どもや教員の成長した姿を見るのが楽しみである。

今回は6年総合「夢と今と未来をつなぐ〜『働く』とはなにか〜」（有平沙織教諭・前田弘滋教諭・松浦浩澄教諭）を取り上げる。掲示物を見るとこれまでの学びの履歴が一覧できる。ウェビングで仕事のイメージを広げたり、仕事をする上で必要なことを「フィッシュボーン」（写真3）で整理したり、思考ツールを多用している。

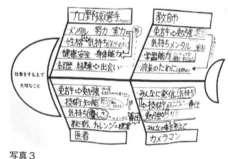
写真3

当日の授業では写真4のような「マトリクス」を用いて、仕事人へのインタビューを通して学んだ「やりがい・苦労や工夫」「大切にしていること」「必要な力」を3〜4人のチームで整理し、発表・共有化を図っていた。例えば、写真4のチームは項目ごとに、左から「『ありがとう』と言ってもらえたり、感謝されたりしてもらえるのがやりがい」「いつでも『笑顔』でいること。楽しむこと。どんなことでも一生懸命。うそをつかずにすなおでいること。（他は略）」

●Profile
むらかわ・まさひろ　鳴門教育大学大学院教授を経て、2017年4月より甲南女子大学教授。中央教育審議会中学校部会及び生活総合部会委員。著書は、『「カリマネ」で学校はここまで変わる！』（ぎょうせい）、『ワークショップ型教員研修 はじめの一歩』（教育開発研究所）など。

写真4

「昔のことを知って、未来のことを考える→バックキャスティング。コミュニケーション力。相手の気持ちを考える。『明日やろうはバカやろう』」とまとめている。一方で、「明日やろうはバカやろう」と全く反対の考え方が他のチームに書かれていた。チーム間の違いによる協議が、どうなるか楽しみである。因みに筆者は使い分けている。今のように仕事に追われている時は「明日やろうはバカやろう」でいくしかない。

子どものワークシートをどう読み解くか

広島県福山市立千年小学校（石田典久校長）の6年総合「自分の生き方を考えよう」（青山千鶴教諭）の授業では、地域の偉人「山本瀧之助」と「あこがれの人」（「大瀬良大地」や「back number」等、実に多様である）について調べたことから、自己の生き方をワークシートにまとめている。

写真5の児童は、「できていること」を書いた後、筆が止まっている（下半分は割愛）。面白いことに「できていること」と「不十分なこと」の両方に「練習（野

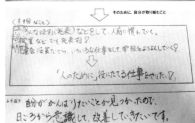

写真6

球）」と書かれている。好きな野球でもできることとできないことがあるのだ。それは私たち大人にも言えることである。

写真6の児童はとても工夫していた。まず、「できていること」の内容の関連を示している。「夢をもつ」から「いっしょうけんめい」になれる。だから「努力・あきらめない心」「向上心・行動力」に繋がる。「チャレンジする力」を引き出せる、等々と読める。不十分なことにはA〜Dの記号を付け、「そのために、自分が取り組むこと」と対応させている。例えば、「A: 人の支えになること」「B: 人を笑顔にすること」「C: 自分の意見をはっきり言うこと」「D: 人前に立つこと」→「ABCD: 児童会役員だから、いろいろな仕事をして学校をよりよくしていく！」としている。「振り返り」として「自分ががんばりたいことが見つかったので、日ごろから意識して、改善していきたいです。」と締めくくってあった。とてもいい学びをしたようだ。また、このような工夫を全体に紹介し、広げていきたい。

[参考文献]
1　村川雅弘（2019）「ラグビーチーム再生のカリキュラムマネジメントに学ぼう」『生活＆総合navi』Vol.77、日本文教出版、p.6

「先生」のレスポンス

 ## どうレスポンスするか？

クライエントから悩み事を相談されたら、「先生」としてどのようにレスポンスするのでしょう。

その先生なりに反応すればよい、との考えもあると思います。例えば、以下のような相談の場合、あなたは（先生）はどのように反応しますか。

あなたの反応に近い番号を選んでください。

（中学2年生）「あのー、先生（担任）だけに話すんですけど、今年からテニス部の顧問になったK先生なんだけど、私にはどうしてもなじめないです。だから、もうテニス部をやめてもいいかな？　と思って……。自分勝手なやり方だし、選手の選び方もひいき目だし、不公平です。1年の子も嫌々ながらやっているんです。なんか、つまらなく……」

1　そういうことだと、嫌気がさすでしょうね。ひいき目だったり不公平だったりするとなおさらですね。それは、「やめたい」と「続けたい」との思いが交錯している問題ですね。
2　顧問が代わったりすると、部活が嫌になったりするものです。よくあることです。よくわかりますね。その話、私も心配になりますよ。少し不満もあるけど、他の部員はそれなりにやっているので、あなたも頑張りましょう。
3　今のあなたの気持ちはわかるけど、あなたも少しは我慢しなくてはダメです。顧問になじめないだけじゃ、理由にならないと思うし、それにK先生にも失礼だと思います……。
4　確かにそれは早くやめたくなる事態のようですね。楽しくテニスができないでしょう。あなた自身がなじめないとする状況や意味をよく考えることが大切ですね。
5　あなたは、テニス部の顧問になったK先生のやり方に、どうしてもなじめないのですね。つまらないという感じもあって、もうやめてもいいかなと思っているのですね。
6　なるほど、私は担任としてその悩みの原因を考えなければ……と思います。もっと具体的に話してくれませんか。不公平なことや嫌がっている1年生のことも……なんでも……。

どの番号を選んだのでしょうか。

例示の相談シナリオと反応例1～6は、筆者が一つの想定として挙げたものです。

 ## あなたはどのタイプ？

ロジャースの文献[1]では、カウンセラーの応答に5つの傾向があるとしています。

「その五つの傾向とは、**説諭**：この場合にはカウンセラーは、クライエントについて、いくつかのタイプの評価的な判定をくだす傾向がある。**診断**：この場合にはカウンセラーは、その人についてのカウンセラー自身の理解を公式化することができるような情報を得ようと努めている。**解釈**：この場合にはカウンセラーはクライエントをカウンセラー自身に説明する傾向がある。**支持**：カウンセラーは、あるタイプの情動的な激励をしようとする。それから、**反射**：この場合にはカウンセラーは、クライエントの観点から理解し、かつ、そうして理解したところを伝えようと努めている。」（注1：p95引用）

1～6をロジャースが論じているカウンセラーの応答傾向に照合させてみましょう。

すると、1は「解釈」に当たると思います。述べていることに意味を付与し、考えることを示唆しています。2は「支持」しています。悩み感情を和らげたり不安を軽減させたりしています。気持ちを支えようとしています。3は「指導」が強く出ています。これはロジャースの論にはありません（筆者が追加したものです）。おそらく3を選んだ方はいないと思います。カウンセリング感覚のある先生のレスポンスとは言い難い反応でしょう。生徒の相談事に対して、叱責で応じています。

そして、4は「説諭」でしょう。話の内容を先生なりに評価的に見ています。そのうえであるべき方

ありむら・ひさはる　東京都公立学校教員、東京都教育委員会勤務を経て、平成10年昭和女子大学教授。その後岐阜大学教授、帝京科学大学教授を経て平成26年より現職。専門は教育学、カウンセリング研究、生徒指導論。日本特別活動学会常任理事。著書に『改訂三版 キーワードで学ぶ 特別活動 生徒指導・教育相談』『カウンセリング感覚のある学級経営ハンドブック』など。

東京聖栄大学教授
有村久春

向を暗示するように伝えています。5は生徒の気持ちをそのまま「反射」しています。訴えそのものを理解しようとしています。それでいいかどうかも尋ねています。6は「診断」的です。そのために役立つ情報をもっと話してほしいと促しています。

　あなたは、どのタイプでしょうか。その場やケースによって多様な反応が考えられます。これまでの回でも述べているように、ロジャースの論からすると、まず5の「反射」が優先されるでしょう。クライエントの気持ちや感情をクライエントと一緒になって考え、共感的に理解しようとするレスポンスになっています。いまここでのクライエント自身を〈わかろうとする〉ことが伝わると、その後のレスポンスがスムーズに展開するものと考えます。

子供との〈かかわり〉の基本

　子供は先生とのかかわりにあって、自分のことを〈わかって！〉と願うものです。そして自らの〈学びの事実〉を承認してほしいと期待しています。とりわけ、先生の問いに対する発表のときや自主的な体験活動の場において顕著に見られる意識です。このような先生への思い（想い）の具現化が、子供自身のよりよくなろうとする自己成長へのエネルギー（Well-being）に資していきます。

　ここには、先生の側にも子供個々の存在を大切にし、子供のこころと学びをわかろうとする「先生力」（純粋性）があります。この力量がロジャースの論にいう「反射」のレスポンスを〈ありのまま〉の存在にします。互いのことを知り合うこと、考えている

こと・願っていることをわかり合うことがよりよい〈かかわり〉を形成する基本です。

　この関係が成り立つには、互いの人間性を認め合い、自他を尊重することです。人権教育でも基本とされる「自分の大切さとともに、他の人の大切さを認める」ことです[2]。すべての教師がよく〈わかっている〉ことですが、いざ子供や保護者と向き合ってみると見失いがちになる感覚ではないでしょうか。自戒を込めて問い直したいところです。

　子供の話を聞かずに先を急いだり、まだわからないの？　と思ったりすることはないでしょうか。「早くしなさい」という言葉が多くなることはないでしょうか。ゆっくりと待ち、温かく接するかかわりが、クライエントのこころのあり様に寄り添うことです。

　改めて、復習しましょう。カウンセリングの要諦とされる3つの感覚です。まず、子供の言葉に真剣に耳を傾けます（**傾聴**）。話の内容にうなずき、繰り返しながら言葉に表現された気持ちを聴きます。次に、相手をありのままに受け容れます（**受容**）。焦らずゆっくりとかかわり、〈そのとおりにできない〉という情緒的なゆらぎを感受します。そして、クライエントの成長力を大切にします（**信頼**）。自分で「できる・選ぶ」とする自信と勇気を信じることです。

［注］
1　カール・ロジャーズ著、友田不二男訳『カウンセリングの訓練』（『ロージァズ全集』第16巻）岩崎学術出版社、1968年、p.95
2　文部科学省「人権教育の指導方法等の在り方について（第三次とりまとめ）」平成20年3月

えるところがある子ですから、「メンバーを変える必要がない」と考えてしまったのでしょうね。

「みんながくやしくて泣いた。／でもぼくは泣かなかった。／勝った時に泣くと／きめたからだ。／でも本当はくやしい！」と書いた航汰。すごく勝ちたい気持ちで一生懸命取り組んだ航汰の気持ちが、倉木さんの気持ちを動かしたのです。本当は、いいかげんな気持ちでやっていたわけではなかったと分かったのです。

■2月の学級づくり・学級経営のポイント
子どもを多面的に見て、とらえ方を変える！

すでに2月です。残りは、1か月半くらいです。次の学年に送るためには、子どもたち同士の関係性をもう一度見直す必要があります。「あの子は、こんな子だよね」と、否定的に見ている子どもたちもいるかと思います。そのまま次の学年に送って終わってしまってはいけないのです。子どもに限らず、大人も多面的な存在です。その多面性を見させることが大切なのです。

ピグマリオン効果という言葉を知っていますか。子どもに対して、肯定的な見方をすることで、学習者の成績が向上する効果のことを言います。別名、「まなざし効果」とも言います。「この子は、勉強熱心な子だな」というまなざしで見ることで、勉強ができるようになります。

その逆が、「ゴーレム効果」です。「この子は、ダメな子だな」と見れば、ダメな子になってしまうのです。問題行動の多い子どもは、教師からも友達からも「ダメな子」というまなざしで見られているようになります。

ことが多いのです。

「ジョハリの窓」という心理学の考え方があります（図）。今の子どもたちに一番の問題は、「開放の窓」が小さいことなのです。「開放の窓」には、自分と他者のまなざしが入り込みます。他者のまなざしが入ることで、自己はより成長していきます。

その際、否定的なまなざしを肯定的なまなざしに変えていくことが、大きなポイントです。どの子どもも大切にするとは、否定的なまなざしを肯定的なまなざしに変えていくことです。残りの時間でやっていきましょう。そのことが、次の学年に送るための大切な準備なのです。

	自分に分かっている	自分に分かっていない
他人に分かっている	開放の窓「公開された自己」	盲点の窓「自分は気がついていないものの、他人からは見られている自己」
他人に分かっていない	秘密の窓「隠された自己」	未知の窓「誰からもまだ知られていない自己」

ユーモア詩でつづる 学級歳時記

［第10回］

白梅学園大学教授
増田修治

ますだ・しゅうじ　1980年埼玉大学教育学部卒。子育てや教育にもっとユーモアを！と提唱し、小学校でユーモア詩の実践にチャレンジ。メディアからも注目され、『徹子の部屋』にも出演。著書に『話を聞いてよ。お父さん！比べないでね、お母さん！』『笑って伸ばす子どもの力』（主婦の友社）、『ユーモアいっぱい！小学生の笑える話』（PHP研究所）、『子どもが伸びる！親のユーモア練習帳』（新紀元社）、『「ホンネ」が響き合う教室』（ミネルヴァ書房）他多数。

■今月の「ユーモア詩」

負けた

永森　航汰（3年）

日曜日に
サッカーのしあいがあった。
ぼくは前半にでれなくて
後半からでた。
ぼくのチームは、
前半に1点入れた。
でも相手チームに
後半に1点入れられて
同点になった。
さいごはPK戦になり
ぼくのチームは負けてしまった。
みんながくやしくて泣いた。
でもぼくは泣かなかった。
勝った時に泣くと
きめたからだ。
でも本当はくやしい！

■子どもの詩が、親の心を耕す

詩集の感想
「自分のおろかさにおちこみました」倉木　麻衣（仮名）

どの子もとてもよく書けていて感心しました。中でも衝撃的だったのは、永森航汰君の「負けた」でした。このときの試合は、前半勝ちでおりかえしていました。だから、勝っているのだから、後半メンバー変更なしでいってて欲しいと思いました。だって航汰君は普段練習でふざけていてまじめにやっていなかったよね……と。そして逆転をくらい、「ほぅ〜らね。」と思ってしまったのです。　航汰君のこの詩を読むまでは……。

私は自分のおろかさに2〜3日落ち込みました。
「航汰君、本当にゴメンね。こんな風に思いがんばっているなんて知りませんでした。これからもガンバロウね。応援しているよ。」

今はこの気持ちでいっぱいです。
子ども達の心の成長は、すばらしいですネ。もっともっとみんなの事が知りたいです。

倉木さんは、この感想を封筒に入れて渡してくださいました。
ちょっぴり恥ずかしそうに……

私は、読んでいるうちにすがすがしい気持ちになりました。クラスの他の子どもの詩を読んで、自分の未熟さに気がつき反省するなんて、なかなかできることではありません。
倉木さんの息子さんも出場していた試合ですから、勝負にこだわる気持ちはよくわかります。しかも、航汰はちょっといい加減に見

人間性にまつわる煩悩（3）
人生への倦怠

　思うに任せないことを度々経験してきた子たちは、「どうせ何をやってもうまくいかないだろう」とあきらめてしまうことが多いです。小学校の３年生、４年生くらいのまだ人生のページを開く前の時期に、友達とのトラブルに遭ったり、家庭での修羅場を見たりして、自らの生きざまに倦怠感を感じてしまっていることがあります。今回は、こうした生き様の推移として起こる事態を「人生への倦怠」として捉えてみた上で、そこからの脱出法について考えてみたいと思います。

予期不安

　トラブルの予兆を感じることは悪いことではありません。それは危機管理の出発点ですから、まっとうなことです。これに対して予期不安（不安を予期すること）はどうでしょうか。不安は漠然たる陰性感情の沸き上がりを予測することです。つまり、具体性を欠いた違和感にとらわれるような、不快な心の到来を予測することなのです。

　私たちは普段、先のことを予測しながら考え、行動しているわけではありません。しかし、思うに任せないつらい体験をしてきた子どもは、元々うまくいくという前提がなく、うまくいかないことが前提となっているので、はなから「どうせうまくいかない」と不安になり、事態を直視することができず、放り投げてしまいます。こうした予期不安は漠然とした危機の推測ではありますが、トラブルの予兆の察知とは異なり、危機管理への役立ち感は乏しくなります。むしろ「不安を煽る」という言葉があるよ

うに、予期不安は、当事者を不安定にさせることはあっても、危機の調整役にはなりそうにありません。

　「もう飽きてしまった」

　これは、思うに任せない状況の慢性化に対する、一方の旗頭のような、苦し紛れの言葉だと思います。

　慢性的な予期不安は、倦怠感を生みます。苦しさから逃れて楽になりたいと思うことから発せられるのですが、「この子のために何とかしてあげたい」という煩悩では、一筋縄にはいきません。

自分は悪くない

　「もう飽きてしまった」と同様に、もう一方の旗頭は「自分は悪くない」という言葉です。

　こちらは「飽きてしまった」に比べ、攻撃性を伴うので、「飽きてしまった」とは別の意味で始末が悪いものです。

　「どうせうまくいかない」とあきらめて、ものごとを投げてしまう。けれど、周囲は放ってはおきません。放り出してしまったことに対して、無理に励まされたり、責められたりしてしまうわけです。場合によっては、自分の親が責められることになるかもしれないし、親から責められるかもしれません。物事を放り出してしまうことで、元々なかったはずの責任を追及されることになります。もちろん、それだけのことを言ったり、してしまったりするのですから、当然に責められるわけです。

　しかし、そうなると、大抵の子は、自分の非を認めようとはしません。悪いのは自分ではない、悪いのは世の中だという気持ちも起きてきます。

小栗正幸
特別支援教育ネット代表

おぐり・まさゆき　岐阜県多治見市出身。法務省の心理学の専門家（法務技官）として各地の矯正施設に勤務。宮川医療少年院長を経て退官。三重県教育委員会発達障がい支援員スーパーバイザー、同四日市市教育委員会スーパーバイザー。（一社）日本LD学会名誉会員。専門は犯罪心理学、思春期から青年期の逸脱行動への対応。主著に『発達障害児の思春期と二次障害予防のシナリオ』『ファンタジーマネジメント』（ぎょうせい）、『思春期・青年期トラブル対応ワークブック』（金剛出版）など。

このような攻撃性が高じて、「誰でもよかった」といって人に危害を加えるという行動に出る極端なケースもあります。

予期不安は、このように、倦怠や攻撃となって出てくることがあるのです。

仕切り直し

僕がかつて扱ってきた人たちは、少年院や刑務所に入っていた人たちでした。悪いことをしてきた人たちに、これからはいい人になろうと言って、よくなれば苦労はしません。過去を捨てて「やり直し」をしようとはよく言われる助言かもしれませんが、それではこれまでの人生を否定することにもなりかねないわけです。また、「過去のことはいいから、今日から生まれ変わろう」と言って、その瞬間からいい人になれれば楽ですが、現実的にはそうもいかないでしょう。

ですから、「やり直し」ではなくて、「仕切り直し」という考え方がよいのではないかと思います。

この連載で、度々紹介した「そこのゴミを拾って」というやり方は、「ありがとう」の言葉が付いてきます。その瞬間、その人はいい人になっています。

そもそも、何もかもがいいという人はあまりいません。僕たちは、両方を併せもっている存在なのです。僕らのお相手にも当然、いい部分があるわけですから、無理に矯正したり更生させたり、考えや行動を改めさせようと指導したりすることは得策ではありません。倦怠や他者への攻撃を起こす人は、自分を何とかしようとジタバタするものです。そのジタバタが下手だから、余計に自分の傷を広げることをしてしまいがちなんですね。そういう人に、常にいい人になってもらおうとする必要はありません。

評価される機会が少なかった人たちですから、まず「そこのゴミを拾って」からスタートすればよいのです。

彼らには、3日に1回、できれば1日1回、短い時間でもよいので、このような「ありがとう」が言われる状況を作ってあげたいものです。行動分析学では、3日以上の間隔が空くと、かかわりの効果はうすれてしまうと言われているそうです。ですから、少なくとも3日に1回は「ありがとう」を言えるかかわりをしてみてください。「ありがとう」は、少しずつ、いい人に向かうために通る門です。それが仕切り直しにつながるのです。

これは、特別な人にだけに行うかかわり方ではありません。ユニバーサルデザインの発想から行っていくものです。誰にでも通じる肯定的なかかわりを仕切り直しに生かしていくことで、「人生にも、少しはいいところもあるのだな」と思わせることができればよいのです。

いずれにしても、仕切り直しは、やり直しほど、これまでの人生への否定感が伴っていないように思われます。人生に対する反省など不要。たとえ挫折しようとも、「このやり方ではうまくいかないことがわかってよかった」と仕切り直せばよいのです。これが大団円へと繋がる道になるのではないでしょうか。

（談）

保護者との協働による校外学習等の教育活動の充実を目指して

●step10

保護者との協働による校外学習等の教育活動を展開することにより、子どもは、より豊かに学ぶことができ、保護者は、学校に協力的になり、担任は、保護者と信頼関係を深めることができる。

4月から保護者の協力を得ながら、2年生の子どもたちに身に付けさせたい力を育成してきた。

今回は、校外学習に焦点を当て、保護者との連携を深めるための筆者の試みを紹介する。

年度初めに「学年カリキュラム」を提示する

2年生の子どもたちに身に付けさせたい力を育成するための「学年カリキュラム」を、4月の学年懇談会時に提示した。そして、いつ、どの学習で人的なサポートが必要かを明示し、サポート内容を説明した。

協力依頼の実際

（1）町探検

子どもたちの行ってみたい、調べてみたいという思いや願いを大切にした結果、訪れる場所が数十か所となったため、保護者に加え、学校支援地域本部の方々にも引率の協力依頼をした。

協力を依頼する際には、保護者や学校支援地域本部の方々に、子どもの実態、活動のねらい、活動の流れ、学習支援の具体的な内容などを説明するなど、

写真1　町探検（保護者撮影）

写真2　町探検（保護者撮影）

学習支援の具体的なイメージをもてるように工夫した。

（2）ハロウィンパレード

荒町商店街では、昨年度から地域の活性化のためにハロウィンまつりを開催している。放課後に子どもたちが店を訪れ、「トリックオアトリート」と言うと、各商店でお菓子がもらえるイベントである。

今年度は、町探検でお世話になった2年生が、お化けに扮装して、商店街をパレードすることになった。

早速、保護者に向け、学年だよりを通して、パレードのねらいや活動の流れ、準備物などについて、協力を依頼した。

当日、子どもたちは、保護者と一緒に衣装の準備をし、それぞれ個性的な仮装でパレードを盛り上げた。

写真3　パレードをする子どもたち（保護者撮影）

仙台市立荒町小学校教諭
鈴木美佐緒

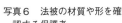
写真6　法被の材質や形を確
認する保護者

写真4　お化けに扮した2年生の子どもたち

音楽発表会

　2年生は「まつり」を音楽で表現することにした。「まつり」の雰囲気を出すために、衣装、ねじりしぼり、背景画、おみこし、ダンス指導、ピアノ演奏など、保護者や学校支援地域本部の方々の力を借りることにした。

　学年だよりで音楽発表会ボランティアを募った。どの分野ならお手伝いできるかアンケートを取り、後日、顔合わせを行った。

写真7　ステージの背景画を
制作する保護者

写真5　ボランティアの顔合わせ

　ボランティアの顔合わせでは、音楽発表会のねらいを伝え、2年生が演じる「おまつり」のテーマについて共通理解を図った。その後、学級担任がリードし、サポート内容ごとに打合せを行い、役割分担や作業日程を確認した。

　その後の作業日に、作業場所で必要物品の準備などを行いながら、ボランティアの方々と常にコミュニケーションをとるように心がけた。

写真8　子どもたちの演技を熱心に見る保護者

保護者との連携強化を振り返って

　保護者との連携強化を図ることにより、以下のようなメリットがあった。

子ども：自分の力を発揮するように努力した。また、協力してくれた方々の思いを知り、感謝の気持ちをもつことができた。

保護者：親同士のつながりも深まり、今まで以上に学校教育に協力的になった。

担任：保護者とのコミュニケーションを図ったことにより、顔と顔が見える関係になり、信頼関係が深まった。

　今後も引き続き、保護者と強化を図っていくとともに、学校支援地域本部の方々と協働していきたい。

対話的学びが教師と子どもにもたらすもの

東海国語教育を学ぶ会顧問
石井順治

授業を対話型に転換する

授業を対話的学びにするということは、一斉指導型授業からの転換を意味します。学びが、先生から教えてもらうというより、対象と対話し、仲間と対話し、自分自身と対話して自ら見つけ出す行為になるからです。それには教師の授業観の転換が必要不可欠なものになります。

かつて講義式（本人談）の授業をしていて、今、子どもが対話的に学び合う授業に取り組むようになったベテラン教師のUさんがその転換について綴った文章を読ませてもらいました。文章の中で、以前の自らの授業について、Uさんは次のように述懐しています。

「講師として採用された当初は中学校で数学を教えていました。当時の中学校では教師が淡々と教え、わからないことを質問させ、また、教師が説明するといった講義式の、生徒をシーンとさせる授業をすることが普通だと思っていました。中学３年生を担当しました。『受験があるのに、どうしよう。初めて教えるのに、ちゃんとできるのかなぁ』と不安に思っていました。制服の詰襟のフックまでしっかり止めている一人の生徒がいました。生徒指導上の問題は全くありません。授業中も一切しゃべらず静かに授業を聞いていました。しかし、中間テストでは一桁の得点でした。その時に思ったのは『この子、1週間に5回の数学の授業、それも50分間ずつ。それをどんな気持ち過ごしていたのか』と思いました。しかし、当時はどうすることもできず、1月末までに

教科書を終わらせなければいけなかったので授業を進めること、できるだけたくさんの生徒に授業内容を理解させることで精一杯でした。彼まで手が届きませんでした。」

このようにUさんは一斉指導型授業の限界を感じつつそこから抜け出せないでいたのです。そのUさんが、今、子どもたちが生き生きと学び合う授業をするようになったのです。Uさんの文章を読むと、そうした変化が生まれたのは発想の転換だったことがわかります。

「一人でクラスの子どもに教科書の内容を理解させるのは正直、ぼくにはできません。でも、できる限り理解させたいと思います。一人でダメなら二人、二人でも足りなかったら三人で教えればいいと思いますが、教員は簡単に増えません。それなら、子どもの力を借りればいいと思いました。」

「高い課題を与えたときには『みんなが理解しないといけない』といった思いはあまりありません。むしろどうしたら問題が解けるのかと悩んでいる子どもの姿を見ることが目標になりました。そのほうが子どもと一緒にどのように課題を解決するかをその場で楽しめるからです。ただ、課題づくりにはいっぱい悩みます。いい課題さえできれば子どもたちと楽しみながらできるからです。もちろんいい課題かどうかはやってみないとわかりませんが、それも楽しみです。」

これを読むと、Uさんの転換のきっかけは、すべての子どもの学びの保障のために子どもたちの力とつながりを信頼し、子どもとともに実現を目指そうとしたことだったことがわかります。そして、それ

●Profile

いしい・じゅんじ　1943年生まれ。三重県内の小学校で主に国語教育の実践に取り組み、「国語教育を学ぶ会」の事務局長、会長を歴任。四日市市内の小中学校の校長を務め2003年退職。その後は各地の学校を訪問し授業の共同研究を行うとともに、「東海国語教育を学ぶ会」顧問を務め、「授業づくり・学校づくりセミナー」の開催に尽力。著書に、『学びの素顔』（世織書房）、『教師の話し方・聴き方』（ぎょうせい）など。新刊『「対話的学び」をつくる　聴き合い学び合う授業』が刊行（2019年7月）。

以上にUさんにとって大きかったのは、学習課題を質の高いものにしたことだったようです。よい課題を探し出すことで、子どもと一緒にその課題に取り組むことに楽しみを見出しておられるからです。それはやがて、子どもが悩むような課題で授業をすることが楽しみだという境地にまで達しています。このことは、これからの時代の教育のあり方にかかわるとても大切なことなのではないでしょうか。

対話的学びが子どもにもたらしたもの

　教えられる勉強ではなく、自ら取り組む学び、そのとき対話的に学び合う学びは、教師に授業をする充実感をもたらしただけではなく、子どもにも学ぶ喜びをもたらしました。

　「思い出せた」「ひらめいた」「なるほどな〜と思った」「初めて知った」「よ〜くわかった」「納得できました」「スッキリした！」

　これらは、数学の授業において、かなりの難題に対話的に取り組んだ子どもたちが、その時間のふり返りの末尾に記した言葉のいろいろです。これを読むと、対話的学びがどれほど彼らにとって意味のあるものであったかわかります。

　ずいぶん前になりますが、私の学級のある子どもが、物語を読む授業の最後に記した感想文において次のように述べています。

　「はじめの感想のときには、今とはぜんぜんちがった。今、そのことを思えば、へんなことを書いたなと思ってなさけない。でも、いまでは、みんなで話し合ったしっかりした考えがある。

　どうしてかと言うと、みんなの意見でぼくがいいと思うのが出たら、自分のと合体させるのです。たぶんみんなもそうしていると思います。

　ぼくは、いつもいつも、みんなでやればいいのになと思いました。」

　仲間と学び合う学びは、Uさんが「子どもの力を借りる」と言ったように子どもと一体になって理解を深めることができます。しかしそれだけではありません。学びの深まりをめざすためにも、子ども一人ひとりの能力を引き出すためにも、人と人とのつながりの重要さを実感するためにも、大きな大きなことなのです。

　そして、なお重要なことは、自ら学びの対象と向き合い取り組む学びを子どもたちにもたらし、そのことによって、子どもたちの創造力をはぐくむとともに、学ぶ喜びを味わえるようにしていくのです。

　学ぶ喜びは、勉強がわかる、できるようになるということだけではありません。それは喜びの序の口です。子どもが心から「面白かった」「楽しかった」と言うとき、子どもたちは、学び始めたときには考えもしなかったようなものに気づいたり、何かをつくりだしたりします。それは、教師すらも驚くような事実になることがあります。

　子どもに学ぶ喜びをもたらし、子どもの可能性をひらくためになんとしても必要なのは、子どもが対話的に学ぶ授業に転換することです。それは子どもたちを学び手にすることを意味します。そのことを子どもたちは熱望しているのです。

●OECD生徒の学習到達度調査2018年調査（PISA2018）のポイント

令和元年12月3日　文部科学省・国立教育政策研究所

結果概要

＜PISA2018について＞

OECD（経済協力開発機構）の生徒の学習到達度調査（PISA）は、義務教育修了段階の15歳児を対象に、2000年から3年ごとに、読解力、数学的リテラシー、科学的リテラシーの3分野で実施（2018年調査は読解力が中心分野）。平均得点は経年比較可能な設計。前回2015年調査からコンピュータ使用型調査に移行。日本は、高校1年相当学年が対象で、2018年調査は、同年6〜8月に実施。

＜日本の結果＞

三分野
◆数学的リテラシー及び科学的リテラシーは、引き続き世界トップレベル。調査開始以降の長期トレンドとしても、安定的に世界トップレベルを維持しているとOECDが分析。
◆読解力は、OECD平均より高得点のグループに位置するが、前回より平均得点・順位が統計的に有意に低下。長期トレンドとしては、統計的に有意な変化が見られない「平坦」タイプとOECDが分析。

読解力
◆読解力の問題で、日本の生徒の正答率が比較的低かった問題には、テキストから情報を探し出す問題や、テキストの質と信ぴょう性を評価する問題などがあった。
◆読解力の自由記述形式の問題において、自分の考えを他者に伝わるように根拠を示して説明することに、引き続き、課題がある。
◆生徒質問調査から、日本の生徒は「読書は、大好きな趣味の一つだ」と答える生徒の割合がOECD平均より高いなど、読書を肯定的にとらえる傾向がある。また、こうした生徒ほど読解力の得点が高い傾向にある。

質問調査
◆社会経済文化的背景の水準が低い生徒群ほど、習熟度レベルの低い生徒の割合が多い傾向は、他のOECD加盟国と同様に見られた。
◆生徒のICTの活用状況については、日本は、学校の授業での利用時間が短い。また、学校外では多様な用途で利用しているものの、チャットやゲームに偏っている傾向がある。

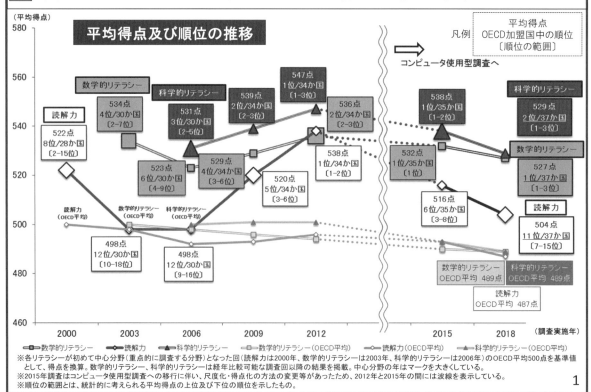

※各リテラシーが初めて中心分野（重点的に調査する分野）となった回（読解力は2000年、数学的リテラシーは2003年、科学的リテラシーは2006年）のOECD平均500点を基準値として、得点を換算。数学的リテラシー、科学的リテラシーは経年比較可能な調査回以降の結果を掲載。中心分野の年はマークを大きくしている。
※2015年調査はコンピュータ使用型調査への移行に伴い、尺度化・得点化の方法の変更等があったため、2012年と2015年の間には波線を表示している。
※順位の範囲とは、統計的に考えられる平均得点の上位及び下位の順位を示したもの。

1

1. 2018年調査の結果

● **OECD加盟国（37か国）における比較**　　☐┐は日本の平均得点と統計的な有意差がない国

	読解力	平均得点	数学的リテラシー	平均得点	科学的リテラシー	平均得点
1	エストニア	523	日本	**527**	エストニア	530
2	カナダ	520	韓国	526	日本	**529**
3	フィンランド	520	エストニア	523	フィンランド	522
4	アイルランド	518	オランダ	519	韓国	519
5	韓国	514	ポーランド	516	カナダ	518
6	ポーランド	512	スイス	515	ポーランド	511
7	スウェーデン	506	カナダ	512	ニュージーランド	508
8	ニュージーランド	506	デンマーク	509	スロベニア	507
9	アメリカ	505	スロベニア	509	イギリス	505
10	イギリス	504	ベルギー	508	オランダ	503
11	日本	**504**	フィンランド	507	ドイツ	503
12	オーストラリア	503	スウェーデン	502	オーストラリア	503
13	デンマーク	501	イギリス	502	アメリカ	502
14	ノルウェー	499	ノルウェー	501	スウェーデン	499
15	ドイツ	498	ドイツ	500	ベルギー	499
16	スロベニア	495	アイルランド	500	チェコ	497
17	ベルギー	493	チェコ	499	アイルランド	496
18	フランス	493	オーストリア	499	スイス	495
19	ポルトガル	492	ラトビア	496	フランス	493
20	チェコ	490	フランス	495	デンマーク	493
	OECD平均	487	OECD平均	489	OECD平均	489
	信頼区間※（日本）：499-509		信頼区間（日本）：522-532		信頼区間（日本）：524-534	

● **全参加国・地域（79か国・地域）における比較**　　☐┐は日本の平均得点と統計的な有意差がない国

	読解力	平均得点	数学的リテラシー	平均得点	科学的リテラシー	平均得点
1	北京・上海・江蘇・浙江	555	北京・上海・江蘇・浙江	591	北京・上海・江蘇・浙江	590
2	シンガポール	549	シンガポール	569	シンガポール	551
3	マカオ	525	マカオ	558	マカオ	544
4	香港	524	香港	551	エストニア	530
5	エストニア	523	台湾	531	日本	**529**
6	カナダ	520	日本	**527**	フィンランド	522
7	フィンランド	520	韓国	526	韓国	519
8	アイルランド	518	エストニア	523	カナダ	518
9	韓国	514	オランダ	519	香港	517
10	ポーランド	512	ポーランド	516	台湾	516
11	スウェーデン	506	スイス	515	ポーランド	511
12	ニュージーランド	506	カナダ	512	ニュージーランド	508
13	アメリカ	505	デンマーク	509	スロベニア	507
14	イギリス	504	スロベニア	509	イギリス	505
15	日本	**504**	ベルギー	508	オランダ	503
16	オーストラリア	503	フィンランド	507	ドイツ	503
17	台湾	503	スウェーデン	502	オーストラリア	503
18	デンマーク	501	イギリス	502	アメリカ	502
19	ノルウェー	499	ノルウェー	501	スウェーデン	499
20	ドイツ	498	ドイツ	500	ベルギー	499
	信頼区間※（日本）：499-509		信頼区間（日本）：522-532		信頼区間（日本）：524-534	

※灰色の国・地域は非OECD加盟国・地域を表す。
※信頼区間は調査対象者となる生徒全員（母集団）の平均値が存在すると考えられる得点の幅を表す。PISA調査は標本調査であるため、一定の幅をもって平均値を考える必要がある。
※同得点でも順位が異なるのは、小数点以下の数値の差異による。

2

2. 読解力について

日本の読解力の結果概要

◆読解力の平均得点（504点）は、OECD平均より高得点のグループに位置しているが、前回2015年調査（516点）から有意に低下。OECD加盟国中11位（順位の範囲：7-15位）。

◆習熟度レベル1以下の低得点層が有意に増加しており、OECD平均も同様の傾向。

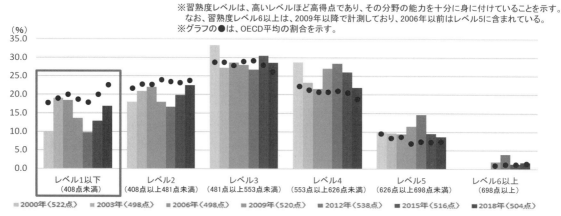

※習熟度レベルは、高いレベルほど高得点であり、その分野の能力を十分に身に付けていることを示す。
なお、習熟度レベル6以上は、2009年以降で計測しており、2006年以前はレベル5に含まれている。
※グラフの●は、OECD平均の割合を示す。

■2000年〈522点〉 ■2003年〈498点〉 ■2006年〈498点〉 ■2009年〈520点〉 ■2012年〈538点〉 ■2015年〈516点〉 ■2018年〈504点〉

※（ ）内は日本の読解力の平均得点

各国・地域の平均得点の長期トレンド

◆ 平均得点の2000年〜2018年の長期トレンドに関するOECDの分析によると、日本の読解力は、平均得点のトレンドに統計的に有意な変化がない国・地域に分類され、そのうち「平坦」タイプに該当。

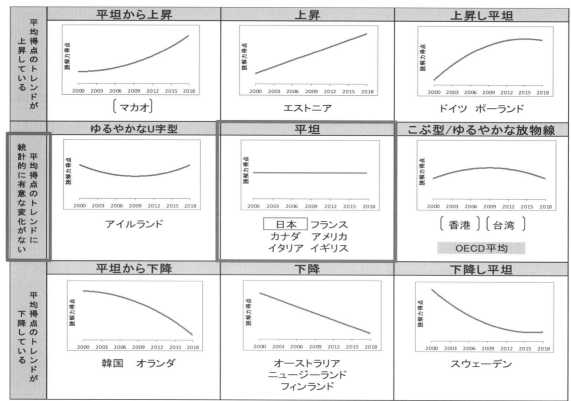

読解力の定義

【読解力の定義】

自らの目標を達成し、自らの知識と可能性を発達させ、社会に参加するために、<u>テキスト</u>を理解し、利用し、<u>評価し</u>、熟考し、これに取り組むこと。

※下線部は2018年調査からの定義変更箇所
○コンピュータ使用型に移行し、デジタルテキストを踏まえた設計となったため、「書かれたテキスト」から「テキスト」に変更。(デジタルテキスト：オンライン上の多様な形式を用いたテキスト(Webサイト、投稿文、電子メールなど))
○議論の信ぴょう性や著者の視点を検討する能力を把握するため、テキストを「評価する」という用語を追加。

測定する能力

①情報を探し出す
－テキスト中の情報にアクセスし、取り出す
－関連するテキストを探索し、選び出す

②理解する
－字句の意味を理解する
－統合し、推論を創出する

③評価し、熟考する
－質と信ぴょう性を評価する
－内容と形式について熟考する
－矛盾を見つけて対処する

(下線部は、2018年調査から新たに定義に追加された要素)

読解力の調査結果の分析

○読解力の平均得点の低下に影響を与える要因について分析したところ、生徒側(関心・意欲、自由記述の解答状況、課題文の内容に関する既存知識・経験、コンピュータ画面上での長文読解の慣れ等)、問題側(構成、テーマ、テキストの種類、翻訳の影響等)に関する事項などの様々な要因が複合的に影響している可能性があると考えられる。

○読解力を測定する3つの能力について、それらの平均得点が比較可能な2000年、2009年及び2018年(読解力が中心分野の回)の調査結果を踏まえると、

・「②理解する」能力については、その平均得点が安定的に高い。

・「①情報を探し出す」能力については、2009年調査結果と比較すると、その平均得点が低下。特に、習熟度レベル5以上の高得点層の割合がOECD平均と同程度まで少なくなっている。

・「③評価し、熟考する」能力については、2009年調査結果と比較すると、平均得点が低下。特に、2018年調査から、「質と信ぴょう性を評価する」「矛盾を見つけて対処する」が定義に追加され、これらを問う問題の正答率が低かった。

○また、各問題の解答状況を分析したところ、自由記述形式の問題において、自分の考えを根拠を示して説明することに、引き続き課題がある。誤答には、自分の考えを他者に伝わるように記述できず、問題文からの語句の引用のみで説明が不十分な解答となるなどの傾向が見られる。

日本の生徒の正答率が低い問題の一例

◆**【①情報を探し出す】や【③評価し、熟考する】に関する問題【2018年調査新規問題】**
ある商品について、販売元の企業とオンライン雑誌という異なる立場から発信された複数の課題文から必要な情報を探し出したり、それぞれの意図を考えながら、主張や情報の質と信ぴょう性を評価した上で、自分がどう対処するかを説明したりする問題。

大問

◆**課題文1：企業のWebサイト(商品の安全性を宣伝)**

問1：字句や内容を理解する
問2：記載内容の質と信ぴょう性を評価する(自由記述)

◆**課題文2：オンライン雑誌記事(商品の安全性について別の見解)**

問3：課題文の内容形式を考える
問4：必要な情報がどのWebサイトに記載されているか推測し探し出す【測定する能力①情報を探し出す】

◆**課題文1と2を比較対照**

問5：両文章の異同を確認する
問6：情報の質と信ぴょう性を評価し自分ならどう対処するか、根拠を示して説明する(自由記述)【測定する能力③評価し、熟考する】

※問4や問6のような問題において、日本の生徒の正答率がOECD平均と比べて低い

4

コンピュータ使用型調査について（2015年、2018年調査）

◆2015年調査より、コンピュータ使用型調査に移行

操作例	○長文の課題文をスクロールして読む　　　○キーボードで解答入力（ローマ字入力） ○複数の画面で課題文を提示（Webリンクのクリックやタブの切替えで他画面に移動） ○マウスによる解答選択、ドラッグ＆ドロップ操作で画面上の選択肢を動かして解答 ※数学的リテラシーのみ、従来の冊子型の問題を用いてコンピュータ画面上で実施しており、次回2021年調査からコンピュータ使用型調査用に、新規問題を開発・導入予定。
調査設計	○大問ごとに解答を完結する設計のため、解答が終わって次の問に進むと前の大問に戻れない設計。冊子による調査と異なり、最初に調査の全体像を把握したり、最後に全体の解答を修正したりすることができない。

読解力分野のコンピュータ使用型調査の特徴

○オンライン上の多様な形式を用いた課題文（投稿文、電子メール、フォーラムへの参加回答など）を活用（従来の小説、演劇の脚本、伝記、学術論文等に加えて）。

○2018年調査は、全小問245題のうち約7割の173題がコンピュータ使用型調査用に開発された新規問題。日本の生徒にとって、あまり馴染みのない多様な形式のデジタルテキスト（Webサイト、投稿文、電子メールなど）や文化的背景、概念・語彙などが使用された問題の数が増加したと考えられる。

● 2018年調査（読解力分野）の公開問題 【ラパヌイ島】

3種類の課題文で構成
○大学教授のブログ
○書評
○オンライン科学雑誌の記事

問1 【測定する能力　①情報を探し出す】
ある大学教授のブログを画面をスクロールして読んだ上で、教授がフィールドワークを始めた時期を選択して解答する。

タブをクリックし、画面表示する課題文を選ぶ。

問6 【測定する能力　②理解する】
2つの説に関する原因と結果を選択肢から選び、ドラッグ＆ドロップ操作によりそれぞれ正しい位置に移動させ、表を完成させる。

読書活動と読解力の関係

◆日本を含むOECD全体の傾向

○本の種類にかかわらず、本を読む頻度は、2009年と比較して減少傾向にある。

・「月に数回」「週に数回」読むと回答した生徒の割合
(例)「新聞」：日本21.5%（36.0ポイント減）、OECD平均25.4%（37.1ポイント減）
　　「雑誌」：日本30.8%（33.8ポイント減）、OECD平均18.5%（40.4ポイント減）

○読書を肯定的にとらえる生徒や本を読む頻度が高い生徒の方が、読解力の得点が高い。中でも、フィクション、ノンフィクション、新聞をよく読む生徒の読解力の得点が高い。

◆日本の特徴

○OECD平均と比較すると、日本は、読書を肯定的にとらえる生徒の割合が多い傾向にある。

・「読書は、大好きな趣味の一つ」：日本45.2%（3.2ポイント増）、OECD平均33.7%（0.4ポイント増）
・「どうしても読まなければならない時しか、読まない」：日本39.3%（8.2ポイント減）、OECD平均49.1%（7.8ポイント増）

○OECD平均と比較すると、コミック（マンガ）やフィクションを読む生徒の割合が多い。新聞、フィクション、ノンフィクション、コミックのいずれも、よく読む生徒の読解力の得点が高い。

※「読書」には、本、ウェブサイト等多様な読み物を含み、デジタル機器による読書も含む。
※読書や国語の授業に関する生徒への質問調査は、読解力が中心分野の時にしか行われないため、2009年調査の結果と比較。

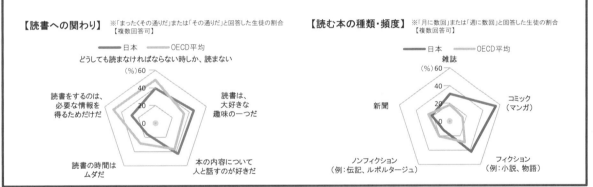

【読書への関わり】※「まったくその通りだ」または「その通りだ」と回答した生徒の割合【複数回答可】

【読む本の種類・頻度】※「月に数回」または「週に数回」と回答した生徒の割合【複数回答可】

国語の授業

◆国語の授業に関する指標値は、比較的良好。

日本は、「国語の授業の雰囲気」指標、「国語の授業における教師の支援」指標の値がOECD平均を上回っており、国語の授業の雰囲気が比較的良好である。一方、「国語教師のフィードバックに関する生徒の認識」は、OECD平均より低い。これは、PISA調査が、高校1年の6～8月という、入学して間もない時期に行われていることが影響した可能性もあると考えられる。

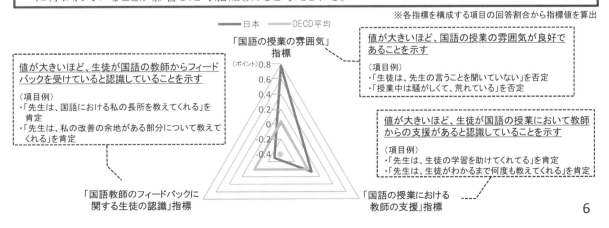

※各指標を構成する項目の回答割合から指標値を算出

値が大きいほど、国語の授業の雰囲気が良好であることを示す
（項目例）
・「生徒は、先生の言うことを聞いていない」を否定
・「授業中は騒がしくて、荒れている」を否定

値が大きいほど、生徒が国語の教師からフィードバックを受けていると認識していることを示す
（項目例）
・「先生は、国語における私の長所を教えてくれる」を肯定
・「先生は、私の改善の余地がある部分について教えてくれる」を肯定

値が大きいほど、生徒が国語の授業において教師からの支援があると認識していることを示す
（項目例）
・「先生は、生徒の学習を助けてくれてる」を肯定
・「先生は、生徒がわかるまで何度も教えてくれる」を肯定

6

3．数学的リテラシー及び科学的リテラシーについて

数学的リテラシー

◆2018年調査も、世界トップレベルに位置

日本の平均得点は527点。
加盟国中　1位　（順位の範囲：1～3位）。

◆長期トレンドでも、世界トップレベルを維持

平均得点の2003年～2018年の長期トレンドは、統計的に有意な得点の上昇・下降がない類型のうち「平坦」タイプであり、世界トップレベルを維持。

● 2018年調査上位3か国（OECD加盟国）の状況

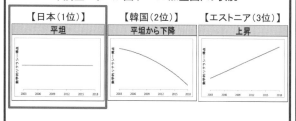

科学的リテラシー

◆2018年調査も、世界トップレベルに位置

日本の平均得点は529点。
加盟国中　2位　（順位の範囲：1～3位）。
前回調査と比較すると、平均得点は有意に低下しているが、上位国も同様の傾向。

◆長期トレンドでも、世界トップレベルを維持

平均得点の2006年～2018年の長期トレンドは、統計的に有意な得点の上昇・下降がない類型のうち「こぶ型」タイプであり、世界トップレベルを維持。

● 2018年調査上位3か国（OECD加盟国）の状況

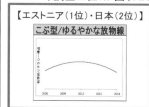
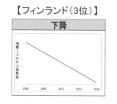

日本の習熟度レベル別の推移

※習熟度レベルは、高いレベルほど高得点であり、その分野の能力を十分に身に付けていることを示す。
※グラフの●は、OECD平均の割合を示す。
※各リテラシーが初めて中心分野となった調査年から比較。

数学的リテラシー　レベル1以下の低得点層が少なく、レベル5以上の高得点層が多い

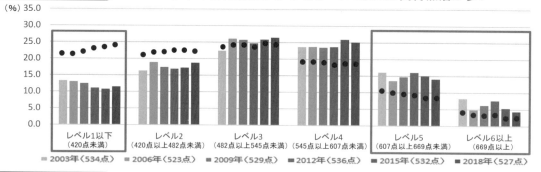
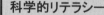

科学的リテラシー　レベル1以下の低得点層が少なく、レベル5以上の高得点層が多い

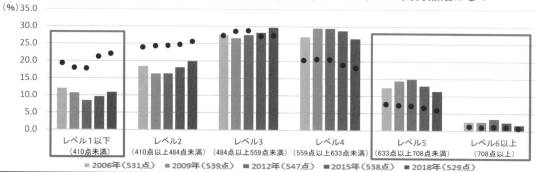

7

4. 平均得点と社会経済文化的背景（ESCS）

◆社会経済文化的背景（ESCS；Economic, Social and Cultural Status）
　保護者の学歴や家庭の所有物に関する質問項目からESCS指標を作成。この値が大きいほど、社会経済文化的水準が高いとみなしている。PISA調査では、ESCSの値の高低により生徒を4群に分け、3分野の得点との関係などを分析。

◆ESCSと習熟度レベル別の割合との関係
・日本、OECD平均ともに、ESCSが高い水準ほど習熟度レベルが高い生徒の割合が多く、ESCSが低い水準ほど習熟度レベルが低い生徒の割合が多い。
・日本は、OECD加盟国内で、社会経済文化的水準の生徒間の差が最も小さく、社会経済文化的水準が生徒の得点に影響を及ぼす度合いが低い国の1つであり、調査開始から引き続き、2018年調査においても同様の傾向が見られる。

● 日本のESCSの水準別の3分野の習熟度レベルの割合（2018年）

読解力

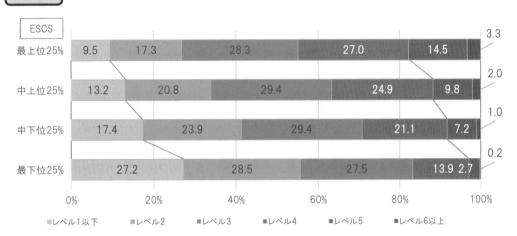

数学的リテラシー　　**科学的リテラシー**

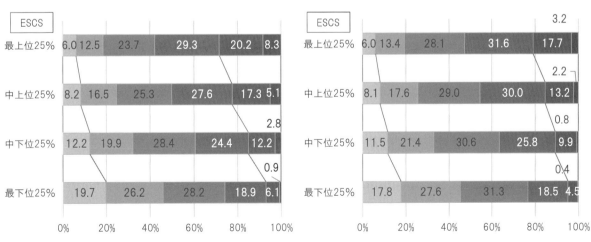

5．ICT活用調査

ICT活用調査

生徒に、携帯電話、デスクトップ/タブレット型コンピュータ、スマートフォン、ゲーム機など、様々なデジタル機器の利用状況について尋ねた調査。

学校外のインターネットの利用について

◆利用時間の推移

・日本、OECD平均ともに、平日、学校外でインターネットを4時間以上利用する生徒が増えている。

・なお、4時間以上利用する生徒の割合を比較すると、日本は、OECD平均より少ない。

◆利用時間と3分野の平均得点の関係

・日本、OECD平均ともに、学校外でのインターネットの利用時間が4時間以上になると、3分野ともに平均得点が低下。

・一方、4時間未満の利用について見ると、日本は30分以上4時間未満利用する生徒の3分野の平均得点はほとんど差がないが、OECD平均は利用する時間が長いほど平均得点は高くなる傾向がある。

● 学校外での平日のインターネットの利用時間（経年変化）

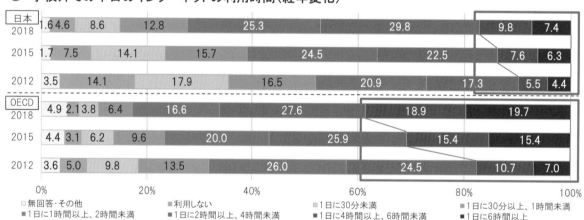

● 学校外での平日のインターネットの利用時間別の3分野の平均得点

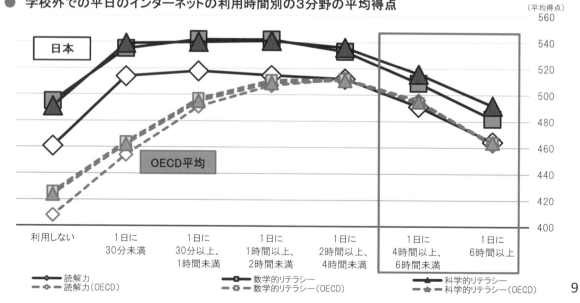

学校・学校外でのデジタル機器の利用状況

◆**日本は学校の授業（国語、数学、理科）におけるデジタル機器の利用時間が短く、OECD加盟国中最下位。**
「利用しない」と答えた生徒の割合は約80％に及び、OECD加盟国中で最も多い。

◆**日本は、他のOECD加盟国と同様、学校外で多様な用途にデジタル機器を利用している。**
○他国と比較して、ネット上でのチャットやゲーム（1人用ゲーム・多人数オンラインゲーム）を利用する頻度の高い生徒の割合が高く、かつその増加の程度が著しい。
・「毎日」「ほぼ毎日」利用すると回答した生徒の割合の増加の程度（2012年調査との比較）
・「ネット上でチャットをする」：日本60.5ポイント増、OECD平均15.4ポイント増
・「1人用ゲームで遊ぶ」：日本21.3ポイント増、OECD平均7.1ポイント増
・「多人数オンラインゲームで遊ぶ」：日本19.4ポイント増、OECD平均7.9ポイント増
○コンピュータを使って宿題をする頻度がOECD加盟国中最下位。

● 1週間のうち、教室の授業でデジタル機器を利用する時間

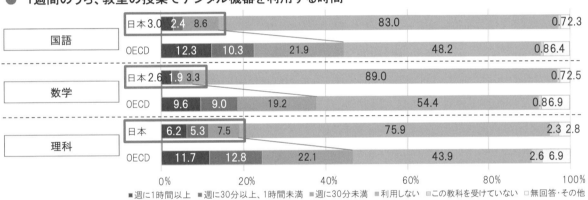

● 学校外での平日のデジタル機器の利用状況 （青色帯は日本の、★はOECD平均の「毎日」「ほぼ毎日」の合計）

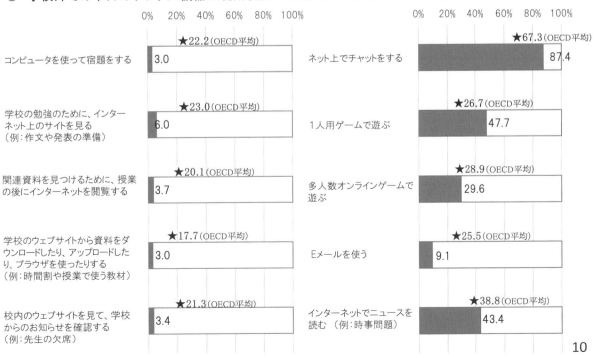

10

百段の階段

和歌山県かつらぎ町立梁瀬小学校長
南垣内智宏

　今日も7名の子供たちが、百段の階段を上っていく。

　本校は、園児2名の幼稚園を併設している児童5名の極小規模校である。聖地高野山の麓に位置し、古くは高野山に花（樒・しきみ）を供していたことから、花園と呼ばれている地域にある。

　朝、学校の麓にある図書館に集まり、そこから集団登校というにはあまりにも少ない人数で、子供たちが一緒に登校してくる。学校は山の中腹にあり、図書館と学校の間にはちょうど百段の階段がある。高学年の児童はその階段を、それまで自分が小さいころに世話されていたように、下級生を気遣い、ときには4歳児の手を引きながら上っていく。そして私は、着任してから1年6か月余、毎日最後尾からその姿を見守っている。

　昭和28年の大水害の際には、当地だけで百余名の尊い人命が失われたと聞いている。この水害と高度経済成長によって過疎化が進み、最大で約二百名いた児童も著しく減少し、現在に至っている。

　一時は児童がいなくなり休校となった学校が再開した背景には、「子供は地域の宝であり、子供たちを育てる小学校がなくなることは地域の灯が消えることに直結する」という地域住民の強い思いがある。

　そのような中、「子供たちにこの地に残ってほし

い。それがかなわないならば、せめてこの花園での思い出とここで育ったことへの誇りをもって生き続けてほしい」という住民の願いが、私を含めたすべての職員に影響を及ぼし、学校での教育や取組につながっている。

　特に、子供たちの手で種から花苗を育て、地域住民や団体に配布して育てていただいたり、地域のお年寄りと一緒にその花苗を植えて交流を深めたりする取組がここ一年ですっかり定着し、学校と地域のつながりをより強めることとなった。

　この取組に代表される学校での学びは言うに及ばず、普段の生活の中から得られるすべての体験がこの地での思い出につながっていく。そして、子供たちにとって、毎日百段の階段を上って登校したことも、少し苦しい、けれども他では決して得られぬ思い出となるだろう。私自身も、校長として初めて赴任したこの学校で、毎日この階段を子供たちと上ったことは、忘れられない思い出（一品）になるだろうと感じる毎日である。

　今日も7名の子供たちが、百段の階段を上っていく。

警策
けい　さく

福岡県久留米市立牟田山中学校長
本村政夫

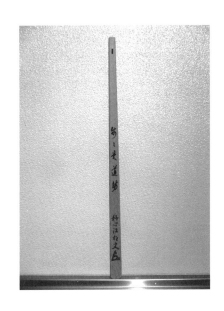

　一昨年の12月、本校の二年生は関西への二泊三日の修学旅行を実施した。福岡県は修学旅行の行先を京都・奈良にする学校が多く、二日目を京都市内での自主研修としている学校がほとんどである。

　私も関西の修学旅行を多く経験しているので、二日目の自主研修で生徒たちがいろいろな交通機関を使って班行動で一日を過ごす体験は、大変意義深いと感じている。

　その中で、旅行の一日目と三日目の内容は各学校で計画を立てる。本校の一日目は、神戸市の「人と防災未来センター」を見学後、京都市の「妙心寺」で坐禅の体験をすることとなっていた。

　駐車場に妙心寺の方が出迎えに来られ、おだやかな中にも厳しさが感じられる説明の後、生徒たちは緊張感をもって坐禅の会場へと入っていった。坐禅の意義と基本姿勢の説明の後、20分間と短い時間であったが、200人を超える生徒が、その息使いも聞こえないほど静かな時間を過ごした。その間は9～10名のお寺の方が「木の棒」（この棒が「警策」とよばれる）を持って生徒の間を静かに回られる。坐禅終了後、お寺の方が生徒たちに「この警策は皆さんを激励するために背中をたたく棒です。激励を受けたい方は、この後一人ずつたたいて差し上げます」といわれた。私は「何人ぐらいの生徒が希望するか

な」と見ていると、なんと男女を問わず8割の生徒が手を挙げた。強さは希望で変えられるものの、多くの生徒は「強でお願いします」と答えていた。私も強で体験したが、かなり痛い。後で生徒に聞いてみると、「自分に気合を入れるため」「自分の目標を後押ししてもらうため」という生徒がほとんどであった。なかなか見上げたものである。

　修学旅行から帰り、校長室のロッカーを片付けていると、なんとその片隅から写真の「警策」が出てきたのである。多分、前任の校長先生の誰かが譲り受けたか、買ったかと思われる。この一連の出来事を二学期の終業式で、その「警策」を見せながら全校生徒に話をした。

　年が明けて三学期始業式の日の放課後、三年生の女子三名が「あの棒でカツを入れてください」と校長室を訪ねてきた。「校長先生でいいのか？」「はい、強でお願いします」「バシッ！、バシッ！、バシッ！」「ありがとうございました」

　15歳の生徒も、自分の目標に向かって一生懸命前を向いて頑張っているんだなと感心した。定年を間近にひかえた私も生徒に負けてはいられない。

　「バシッ！」

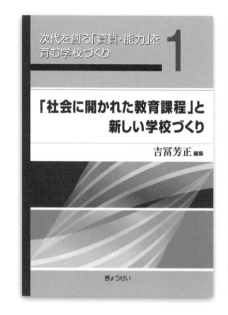

学校教育・実践ライブラリ　Vol.10
新課程の学校経営計画はこうつくる

令和2年2月1日　第1刷発行

編集・発行　　株式会社 ぎょうせい

　　　　　〒136-8575　東京都江東区新木場1-18-11
　　　　　電話番号　編集　03-6892-6508
　　　　　　　　　　営業　03-6892-6666
　　　　　フリーコール　0120-953-431
　　　　　URL　https://gyosei.jp

〈検印省略〉

印刷　ぎょうせいデジタル株式会社
乱丁・落丁本は、送料小社負担のうえお取り替えいたします。
©2020　Printed in Japan.　禁無断転載・複製

ISBN978-4-324-10619-8（3100541-01-010）〔略号：実践ライブラリ10〕